火砲式諺解　全

火砲式諺解

全

火화砲포式식諺언解해

凡범銃춍筒통藏장藥약時시예先션將장藥약線션ᄒᆞ야依의橫횡着착分분數수裁ᄌᆡ折절ᄒᆞ야半반入입穴혈內ᄂᆡᄒᆞ고半반出츌穴혈外외ᄒᆞ야蟠반屈굴付부紙지ᄒᆞ고次ᄎᆞ納납火화藥약ᄒᆞ며用용箭젼則즉檄격木목이오用용丸환則즉土토隔격ᄒᆞ야皆ᄀᆡ以이鐵텰鎚튜鐵텰釘뎡으로擣三下하到도底뎌ᄒᆞ고臨림放방에去거紙지燃연線션ᄒᆞ라檄격木목則즉用용二이年년木목ᄒᆞ며務무合합筒통穴혈ᄒᆞ고長댱短단分분寸촌을用용周쥬尺쳑ᄒᆞ고土토隔격을亦역隨슈

筒통大대小쇼ᄒᆞ야一일依의其기式식ᄒᆞ라
므릇銃춍筒통애藏장藥약ᄒᆞᆯ時시에몬져藥약
線션을가저橫횡看간人分분數수를依의ᄒᆞ야
截졀折졀ᄒᆞ야半반으란구무안헤녀코半반으
란구무밧셔내야설여죠히브티고버거火화藥약
아을녀호ᄃᆡ살ᄲᅳᆯ적이어든撽격木목으로ᄒᆞ고
뎔환ᄲᅳᆯ적이어든土토隔격을ᄒᆞ야다鐵텰鎚류
와鐵텰釘뎡으로버셰허ᄂᆞ리와밋티다듯게ᄒᆞ
고노흘제죠희를셔이고심에블을브티라撽격
木목으란二이年년木목으로ᄡᅳ되통굼긔븨듯

귀ᄒᆞ고길며뎌롬의分분寸촌을周쥬尺쳑으로
ᄢᅵᄒᆞ고土토隔격을산筒통의크며젹음을조차
ᄒᆞᆫ골ᄀᆞ티제법대로ᄒᆞ라
天텬字ᄌᆞ銃츙筒통애中듕藥약線션一일條됴오
火화藥약三삼十십兩냥이오檄격木목八팔寸촌이
放방大대將쟝軍군箭젼ᄒᆞ리箭젼重듕이五오十십
六뉵斤근三삼兩냥이오去거九구百ᄇᆡᆨ步보ᄒᆞᄂᆞ니라
天텬字ᄌᆞ銃츙筒통애ᄂᆞᆫ中듕藥약線션이ᄒᆞᆫ오
리오火화藥약이설흔兩냥이오檄격木목이여
ᄃᆞᆲ치니大대將쟝軍군箭젼을노흐라살므긔쳔

엿斤근석兩냥이오九구百빅步보를가ᄂᆞ니라
地디字ᄌᆞ銃춍筒통에中듕藥약線션一일條됴오火화藥약二이十십兩냥이오土토隔격三삼寸촌이니用용鳥됴卵란丸환二이百빅箇개ᄒᆞ라或혹用용將장軍군箭젼則즉擊격木목六륙寸촌이니箭젼重듕이二이十십九구斤근八팔兩냥이오去거八팔百빅步보ᄒᆞᄂᆞ니라

地디字ᄌᆞ銃츙筒통애ᄂᆞᆫ中듕藥약線션이ᄒᆞᆫ오리오火화藥약이ᄉᆞ므兩냥이오土토隔격이세치니새알만ᄒᆞᆫ텰환二이百빅낫ᄎᆞᆯᄡᅳ라或혹將

장軍군箭젼을쁠제어ᄂᆞᆫ檄격木목이어슷ᄎᆞᆺ니
살므긔스므아홉斤근여ᄃᆞᆲ兩냥이오八팔百ᄇᆡᆨ
步보를가ᄂᆞ니라
玄현字ᄌᆞ銃총筒통애中듕藥약線션半반條됴오
火화藥약四ᄉᆞ兩냥이오檄격木목四ᄉᆞ寸촌이며放방
次ᄎᆞ大대箭젼라ᄒᆞᆯ거八팔百ᄇᆡᆨ步보ᄒᆞᄂᆞ니라用용丸환
한則즉土토隔격二이寸촌이오鐵텰丸환한一일百ᄇᆡᆨ
箇개오或혹用용隱은藏장次ᄎᆞ中듕箭젼則즉火
화藥약三삼兩냥이오檄격木목三삼寸촌이며ᄒᆞᆯ거一
일千쳔五오百ᄇᆡᆨ步보ᄒᆞᄂᆞ니라

玄현字ᄌᆞ銃춍筒통애ᄂᆞᆫ中듕藥약線션이半반
오리오火화藥약이너兩냥이오檄격木목이ᄃᆡ
ᄎᆞ니次ᄎᆞ大대箭젼을노흐라八팔百ᄇᆡᆨ步보ᄅᆞᆯ
가ᄂᆞ니라텰丸환ᄇᆞᆯ적이어든土토隔격이두치
오鐵텰丸환힘이一일百ᄇᆡᆨ낫이오或혹隱은藏장
次ᄎᆞ中듕箭젼ᄇᆞᆯ적이어든火화藥약이셕兩냥
이오檄격木목이세치니一일千쳔五오百ᄇᆡᆨ步
보ᄅᆞᆯ가ᄂᆞ니라
黃황字ᄌᆞ銃춍筒통애中듕藥약線션半반條됴오
火화藥약各각三삼兩냥오이檄격木목三삼寸촌식

放방皮피翎령次ᄎᆞ中듕箭젼ᄒᆞ기去거一일千쳔一
일百ᄇᆡᆨ步보ᄒᆞᄂᆞ니라或혹用용丸환則즉土토隔격一
일寸촌五오分분이오鐵텰丸환四ᄉᆞ十십箇개라
黃황字ᄌᆞ銃츙筒통에ᄂᆞᆫ中듕藥약線션이半반
오리오火화藥약이各각石셕兩냥이오撽격木목
이셰치니皮피翎령次ᄎᆞ中듕箭젼을노ᄒᆞ라一
일千쳔一일百ᄇᆡᆨ步보를가ᄂᆞ니라或혹텰丸환
뿔적이어든土토隔격이ᄒᆞᆫ치닷分분이오鐵텰
丸환이마은낫이라
別별黃황字ᄌᆞ銃츙筒통에中듕藥약線션半반條

됴외火화藥약四ᄉᆞ兩냥이오土토隔격一일寸촌五
오分분이오鐵텰丸환四ᄉᆞ十십箇개라或혹發발皮
피翎령木목箭전則즉撤텩木목三삼寸촌이니흣극
一일千쳔步보ᄒᆞᄂᆞ니라
別별黃황字ᄌᆞ銃춍筒통애는中듕藥약線션이
半반오리오火화藥약이넉兩냥이오土토隔격
이ᄒᆞᆫ치닷分분이오鐵텰丸환이마은낫이라或
혹皮피翎령木목箭전을노흘적이이든撤텩木
목이세치니一일千쳔步보를가ᄂᆞ니라
大대碗완口구에中듕藥약線션一일條됴외火화

藥약三삼十십兩냥이오激격木목五오寸촌이니砲포團단石석ᄒᆞ라石석重듕이七칠十십四ᄉᆞ斤근이니去거三삼百ᄇᆡᆨ七칠十십步보ᄒᆞᄂᆞ니라

大대碗완口구애ᄂᆞᆫ中듕藥약線션이ᄒᆞᆫ오리오火화藥약이설ᄒᆞᆫ兩냥이오激격木목이다ᄉᆞ치니團단石석을노ᄒᆞ라돌므긔널ᄒᆞᆫ너斤근이니三삼百ᄇᆡᆨ七칠十십步보를가ᄂᆞ니라

中듕碗완口구애中듕藥약線션半반條됴이오火화藥약二十십三삼兩냥이오激격木목四ᄉᆞ寸촌이니砲포團단石석ᄒᆞ라石석重듕이三삼十십四ᄉᆞ斤근이니去

거五오百ᄇᆡᆨ步보ᄒᆞᄂᆞ니라
中듕碗완口구애ᄂᆞᆫ中듕藥약線션이半반오리
오火화藥약이열석兩냥이오檄격木목이너치
니團단石셕을노흐라돌므리셜흔너斤근이너
五오百ᄇᆡᆨ步보를가ᄂᆞ니라
小쇼碗완口구애中듕藥약線션半반條됴외火화
藥약八팔兩냥이오檄격木목二이寸촌五오分분이니
砲포團단石셕ᄒᆞ라石셕重듕이十십一일斤근一일
兩냥이니去거五오百ᄇᆡᆨ步보ᄒᆞᄂᆞ니라
小쇼碗완口구애ᄂᆞᆫ中듕藥약線션이半반오리

오火화藥약이여ᄃᆞᆲ兩냥이오檄격木목이두치
닷分분이니團단石셕을노ᄒᆞ라돌므긔열ᄒᆞᆫ斤
근ᄒᆞᆫ兩냥이니五오百ᄇᆡᆨ步보ᄅᆞᆯ가ᄂᆞ니라
小쇼小쇼碗완口구애中듕藥약線션三삼寸촌이오
火화藥약一일兩냥八팔錢젼이오檄격木목一일寸
촌五오分분이니砲포水슈磨마石셕一일냥ᄒᆞᄂᆞ機긔
柄병木목을堅견執집放방之지ᄒᆞ라
小쇼小쇼碗완口구애ᄂᆞᆫ中듕藥약線션이서ᄀᆞᆺ
오火화藥약이ᄒᆞᆫ兩냥여ᄃᆞᆲ돈이오檄격木목이
ᄒᆞᆫ치닷分분이니水슈磨마石셕ᄒᆞᆫ나ᄅᆞᆯᄡᅳᄂᆞ니

들ᄌᆞᄅᆞ남글구디잡고노ᄒᆞ라
震진天텬雷뢰ᄂᆞᆫ鑄주水슈鐵텰體톄圓원ᄒᆞ니重듕
이一일百ᄇᆡᆨ十십三삼斤근이오蓋개鐵텰重듕이十
십兩냥이오柱류撥ᄇᆞᆯ鐵텰重듕이一일斤근八팔兩
냥이오筒통腰요애有유四ᄉᆞ穴혈ᄒᆞ니라中듕藥약線
션八팔條됴니火화藥약五오斤근과菱릉鐵텰三
삼十십을藏장筒통ᄒᆞ고以이柱류撥ᄇᆞᆯ鐵텰로自ᄌᆞ
筒통底뎌貫관穿천蓋개鐵텰ᄒᆞ야用용釵차釘뎡ᄒᆞ고
合합四ᄉᆞ穴혈線션ᄒᆞ야付부結결於어柱류撥ᄇᆞᆯ鐵
텰端단ᄒᆞ야埋ᄆᆡ於이地디ᄒᆞ며或혹以이走주火화ᄒᆞ며

或혹以이隱은連련線션으로放방之지라ᄒᆞᆫ

震진天텬雷뢰ᄂᆞᆫ무쇠로디위열굴이둥그러ᄒᆞ
니므긔一일百ᄇᆡᆨ열세斤근이오두에쇠므긔열
兩냥이오桂듀檄격쇠므긔ᄒᆞᆫ斤근여ᄃᆞᆲ兩냥이
오筒통허리에비굼기잇ᄂᆞ니라中듕藥약線션
이여ᄃᆞᆲ오리니火화藥약닷斤근과마람쇠설흔
을筒통에녀코桂듀檄격쇠로ᄲᅧ筒통밋트로브
터두에쇠롤ᄉᆞ못ᄲᅢ여釵차釘뎡곳고ᄂᆡ구멍심
을모도와桂듀檄격쇠굿테브터미야ᄡᅡ혀뭇고
或혹走주火화로ᄲᅧᄒᆞ며或혹隱은連련線션으

二

로ᄡᅥ노흐라
飛비震진天텬雷뢰ᄂᆞᆫ鑄주水슈鐵텰體톄圓원ᄒᆞ니
重듕이二이十십斤근이오蓋개鐵텰重듕이四ᄉᆞ兩
냥이오砲포口구에有유內ᄂᆡ外외絃현ᄒᆞ니것이一일
節졀竹듁으로立립於어砲포底뎌ᄒᆞ야限ᄒᆞᆫ內ᄂᆡ絃현
折졀之지ᄒᆞ고竹듁節졀傍방애穿쳔線션穴혈ᄒᆞ고且
챠撥단木목을用용鉅거刀도作작谷곡ᄒᆞ되欲욕速
쇽則즉十십曲곡이오欲욕遲디則즉十십五오曲곡
이니遲디速쇽이在ᄌᆡ於어此ᄎᆞ라ᄒᆞ니以이中듕藥약
線션三삼尺쳑으로回회縛박木목谷곡ᄒᆞ야納납於어

竹듁筒통ᄒᆞ고 以이其기藥약線션兩냥端단으로 一일
穿쳔竹듁筒통線션穴혈ᄒᆞ고 一일出츌竹듁筒통上
상口구ᄒᆞ야納납於어砲포口구之지中듕ᄒᆞ되竹듁筒
통外외面면과砲포口구之지內ᄂᆡ絃현애亘긍有
유隙극이어든 以이紙지塡뎐之지ᄒᆞ야毋무有유罅하
隙극然연後후에 以이蓋개鐵텰로堅견塞색其기
口구ᄒᆞ고竹듁筒통上상口구之지線션을引인出츌
蓋개鐵텰穴혈外외ᄒᆞ되毋무過과二이寸촌ᄒᆞ라 火화
藥약一일斤근을作작末말ᄒᆞ야腰요穴혈로漏루入
입ᄒᆞ야面면面면充츙納납ᄒᆞ고打타擊격木목塞색穴

혈後후에中듕碗완口구애載ᄌᆡ放방則즉三삼百ᄇᆡᆨ步보外외地디애良량久구自ᄌᆞ裂렬ᄒᆞ면天텬地디聲셩動동ᄒᆞ니라、揷삽火화則즉先션燃연震진天텬雷뢰線션ᄒᆞ고、後후燃연碗완口구之지線선ᄒᆞ라、恐공碗완口구火화滅멸故고로二이處쳐穿쳔穴혈이라中듕碗완口구애中듕藥약線션一일條됴이火화藥약一일斤근也야라

飛비震진天텬雷뢰ᄂᆞᆫ무쇠로디위얼굴이둥그러ᄒᆞ니므거스므斤근이오두에쇠므긔벅兩냥이오砲포人부리예안팟시울이이시니ᄒᆞᆫ므、디

대로ᄡᅥ砲포ᄉ밋퇴쎄위안시울이젼ᄒᆞ오와바ᄒᆞ
고댓ᄆᆞ티벗히심ᄶᅩᆷ글ᄅᆞᆸ고ᄯᅩ피남글갈로ᄡᅥ
골을밍그되새ᄅᆞ파다ᄒᆞ거든열고비를공고ᄃᆡ
ᄃᆡ파다ᄒᆞ거든열다ᄉᆞᆺ고비를ᄒᆞᆯ셰니더ᄃᆡ며ᄉᆡ
ᄅᆞᆷ이이예잇ᄂᆞ니라中듕藥약線션셕자ᄒᆞ로ᄡᅥ
남오ᄉ골에두로감아대筒통에녀코그藥약線
션두긋트로ᄡᅥᄒᆞᆫ나관대筒통심ᄶᅩᆷ가셰고ᄒᆞᆫ나
관대筒통웃부리로버혀砲포ᄉ부리안혀ᄃᆡᄒᆞ
터대筒통밧面면과砲포ᄉ부리안시울어ᄒᆞᆼ쳐
틈이잇거든죠히로ᄡᅥ며워틈이잇디말게ᄒᆞᆫ後

후에두에쇠로뼈구디그부리를막고대筒통웃

부리심을두에쇠굼우밧그로내펴두굿여넘궈

말라火화藥약ᄒᆞᆫ斤근을곰ᄋᆞ로ᄆᆡᆼ그라ᄒᆞ리솜

그로홀려들여面면面면마다ᄎᆡ와뎌코鐵텰奉

목을터굼글마곤後후에中듕碗완口구에ᄌᆞ러

노ᄒᆞ면三삼百ᄇᆡᆨ步보밧써헤이우ᄒᆞ여절로벼

더면天텬地디예소리진동ᄒᆞᄂᆞ니라블고즐져

어든몬져震진天텬雷뢰ᄉ심에브티고後후에

碗완口구ᄉ심에브티라碗완口구에블이쳐달

가져허ᄒᆞᄂᆞᆫ故고로두곳에굼글ᄯᅮ럿ᄂᆞ니라中

듕碗완口구애는中듕藥약線션이ᄒᆞ오리오火
화藥약이ᄒᆞᆫ斤근이라
鐵텰信신砲포에中듕藥약線션半반條됴외火화
藥약十십三삼兩냥이오土토隔격二이寸촌이니用용
習습陣딘時시ᄒᆞ고及급烟연臺ᄃᆡ相상應응放방之
지ᄒᆞᄂᆞ니라
鐵텰信신砲포에는中듕藥약線션이半반오리
오火화藥약이열석兩냥이오土토隔격이두치
니習습陣딘ᄒᆞᆯ적의쓰고밋烟연臺ᄃᆡ예셔르應
응ᄒᆞ야ᄂᆞᆺᄂᆞ니라

佛불狼랑機긔ᄂᆞᆫ有유五오號호ᄒᆞ니每미號호各각
五오子ᄌᆞㅣ每미子ᄌᆞ애各각用용容용口구鉛연
子ᄌᆞ一일箇개ᄒᆞᄂᆞ니라
佛불狼랑機긔ᄂᆞᆫ다ᄉᆞᆺ號호ㅣ이시니每미號호
애각각다ᄉᆞᆺ子ᄌᆞㅣ니每미子ᄌᆞ애각각ᄇᆞ리여
ᄇᆞᄃᆞ시들鉛연子ᄌᆞᄒᆞᆫ낫츨ᄡᅳᄂᆞ니라
一일號호애中듕藥약線션半반條됴ㅣ오火화藥약
十십兩냥이오土토隔격一일寸촌五오分분이오鉛연
丸환一일箇개라
一일號호애ᄂᆞᆫ中듕藥약線션이半반오리오火

화藥약이열兩냥이오土토隔격이ᄒᆞᆫ치닷分분
이오鉛연丸환이ᄒᆞᆫ낫이라

二이號호애中듕藥약線션半반條됴외火화藥약
七칠兩냥이오土토隔격一일寸촌이오鉛연丸환一일
箇개라

二이號호애ᄂᆞᆫ中듕藥약線션이半반오리오火
화藥약이닐곱兩냥이오土토隔격이ᄒᆞᆫ치오鉛
연丸환이ᄒᆞᆫ낫이라

三삼號호애中듕藥약線션半반條됴외火화藥약
四ᄉᆞ兩냥五오錢전이오土토隔격八팔分분이오鉛연

丸환一일箇개라

三삼號호애ᄂᆞᆫ中듕藥약線션이半반오리오ᄯᅩ
화藥약이넉兩냥돗돈이오土토隔격이여듧分
분이오鉛연丸환이ᄒᆞᆫ낫이라

四ᄉᆞ號호애中듕藥약線션半반條됴외ᄯᅩ화藥약
三삼兩냥이오土토隔격七칠分분이오鉛연丸환一일
箇개라

四ᄉᆞ號호애ᄂᆞᆫ中듕藥약線션이半반오리오ᄯᅩ
화藥약이석兩냥이오土토隔격이닐곱分분이
오鉛연丸환이ᄒᆞᆫ낫이라

五오號호애中듕藥약線션半반條됴외火화藥약
二이兩냥이오土토隔격五오分분이오鉛연丸환一일
箇개라

五오號호애ᄂᆞᆫ中듕藥약線션이半반오라오火
화藥약이두兩냥이오土토隔격이닷分분이오
鉛연丸환이ᄒᆞᆫ낫이라

碎쇄磨마彈탄애中듕藥약線션半반條됴외火화
藥약十십三삼兩냥이어니와平평滿만爲위限한ᄒᆞ고用
용撒격木목塞석穴혈ᄒᆞ고仍잉穿쳔撒격木목ᄒᆞ야作
작線션穴혈ᄒᆞ고埋미於어要요害해處쳐ᄒᆞ야隱은連

련線션放방之지ᄒᆞ라
碎쇄磨마彈탄애ᄂᆞᆫ中듕藥약線션이半반오라
오火화藥약이열석兩냥이어니와평히ᄀᆞ득홈
으로限ᄒᆞᆫ을삼으라檄격木목으로ᄡᅥ곰글막고
인ᄒᆞ야檄격木목을ᄯᅮᆯ위심곰글밍글고要요害
해로온곳에무더隱은連련線션으로노ᄒᆞ라
霹벽靂력砲포애中듕藥약線션半반條됴의火화
藥약八팔兩냥이오土토隔격三삼寸촌이오鐵텰丸환
一일箇개라
霹벽靂력砲포애ᄂᆞᆫ中듕藥약線션이半반오라

오火화藥약이여듧兩냥이오土토隔격이셔치

오鐵텰丸환이ᄒᆞ낫이라

虎호蹲준砲포에中듕藥약線션半반條됴오火화

藥약六륙兩냥이오土토隔격二이寸촌이라用용鉛연

丸환則즉七칠十십箇개ㅣ니每ᄆᆡ一일丸환重듕이

二이錢젼이오或혹用용鐵텰丸환則즉三삼十십箇

개ㅣ니每ᄆᆡ一일丸환重듕이二이錢젼이라放방時시

예並병以이大대鉛연子ᄌᆞ一일箇개로納납筒통

中듕ᄒᆞ라大대鉛연子ᄌᆞ重듕이五오兩냥이라

虎호蹲준砲포애ᄂᆞᆫ中듕藥약線션이半반오리

오火화藥약이 엿兩냥이오 土토隔격이 두치라

鉛연丸환을 ᄡᅳ면 닐흔낫이니 每미 ᄒᆞᆫ丸환 므긔

두돈이오 或혹鐵텰丸환을 ᄡᅳ면 셜흔낫이니 每

미 ᄒᆞᆫ丸환 므긔 두돈이라 노흘제 디 큰鉛연子ᄌᆞ

ᄒᆞᆫ낫으로 ᄲᅧ筒통 가온ᄃᆡ 녀ᄒᆞ라 큰鉛연子ᄌᆞ 므

긔 닷兩냥이라

大대百ᄇᆡᆨ子ᄌᆞ銃총애 小쇼藥약線션 半반條됴ㅣ오

火화藥약 三삼兩냥이오 土토隔격 一일寸촌 五오分

분이오 鐵텰丸환 十십五오箇개라

大대百ᄇᆡᆨ子ᄌᆞ銃총애ᄂᆞᆫ 小쇼藥약線션이 半반

오리오火화藥약이석兩냥이오土토隔격이ᄒᆞᆫ

치닷分분이오鐵텰丸환이열다ᄉᆞᆺ낫이라

中듕百빅子ᄌᆞ銃춍애小쇼藥약線션半반條됴외

火화藥약二이兩냥이오土토隔격一일寸촌이오鐵텰

丸환五오箇개라

中듕百빅子ᄌᆞ銃춍애ᄂᆞᆫ小쇼藥약線션이半반

오리오火화藥약이두兩냥이오土토隔격이ᄒᆞᆫ

치오鐵텰丸환이다ᄉᆞᆺ낫이라

小쇼百빅子ᄌᆞ銃춍애小쇼藥약線션三삼寸촌이오

火화藥약一일兩냥五오錢젼이오土토隔격七칠分

분이오鐵텰丸환三삼箇개

小쇼百ᄇᆡᆨ子ᄌᆞ銃춍애ᄂᆞᆫ小쇼藥약線션이세치
오火화藥약이ᄒᆞᆫ兩냥닷돈이오土토隔격이닐
곱分분이오鐵텰丸환이세낫이라

勝승字ᄌᆞ銃춍筒통애中듕藥약線션三삼寸촌이오
火화藥약一일兩냥이오土토隔격六륙分분이오鐵텰
丸환十십五오箇개라或혹放방皮피翎령木목箭
젼이니去거六륙百ᄇᆡᆨ步보ᄒᆞᄂᆞ니並병無무擊격木목
ᄒᆞ니라

勝승字ᄌᆞ銃춍筒통애ᄂᆞᆫ中듕藥약線션이세치

오火화藥약이ᄒᆞᆫ兩냥이오土토隔격이여ᄉᆞᆺ分
분이오鐵텰丸환이열다ᄉᆞᆺ낫이라或혹皮피翎
령木목箭젼을노흐니六륙百ᄇᆡᆨ步보ᄅᆞᆯ가ᄂᆞ니
다撤텩木므이업ᄉᆞ니라
次ᄎᆞ勝승字ᄌᆞ銃춍筒통애中듕藥약線션三삼寸
촌이오火화藥약五오錢젼이오土토隔격三삼分분이오
鐵텰丸환五오箇개라
次ᄎᆞ勝승字ᄌᆞ銃춍筒통애ᄂᆞᆫ中듕藥약線션이
세치오火화藥약이다ᄉᆞᆺ돈이오土토隔격이서
分분이오鐵텰丸환이다ᄉᆞᆺ낫이라

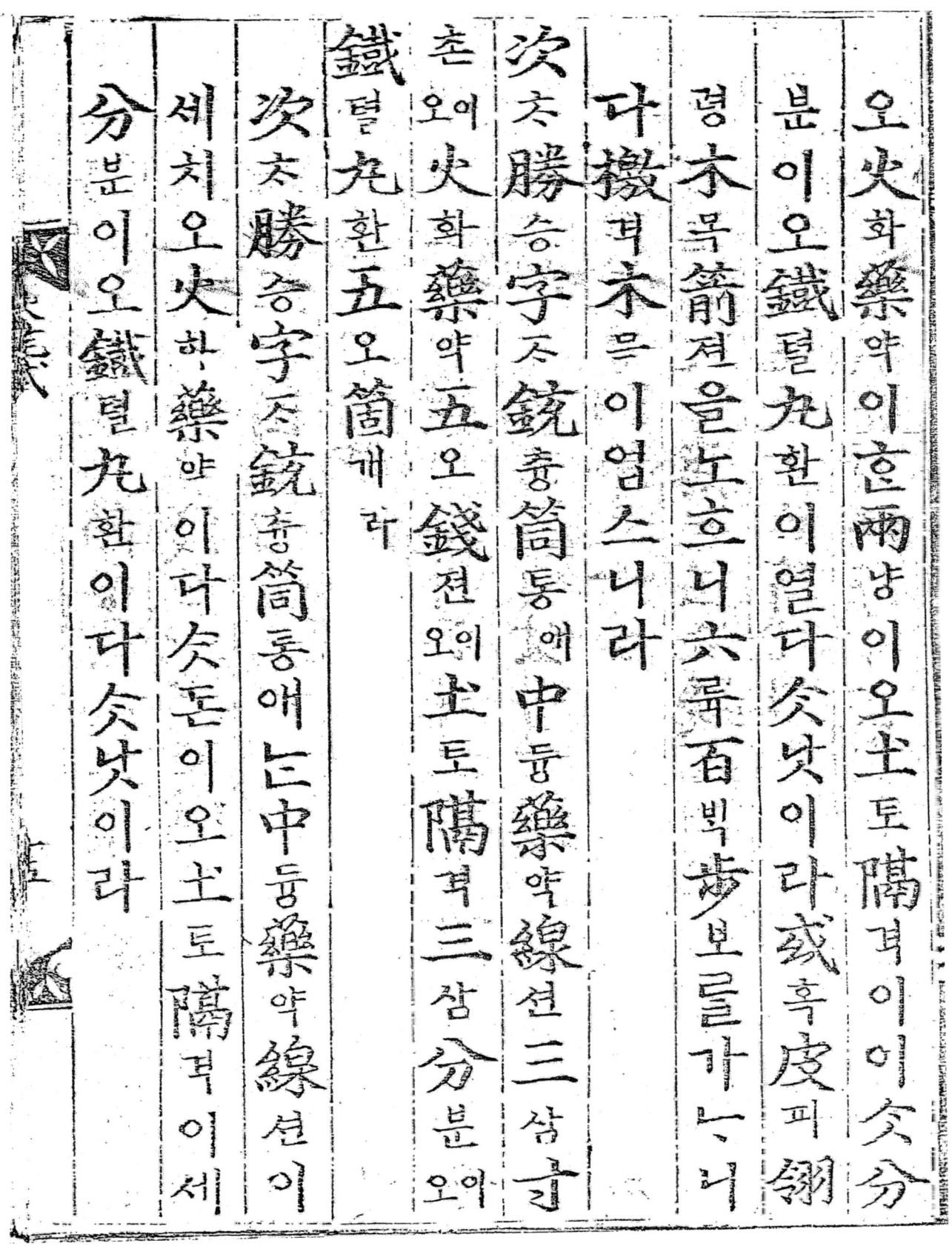

小쇼勝승字ᄌᆞ銃츙筒통에小쇼藥약線션三삼寸
촌오이火화藥약三삼錢젼오이土토隔격二이分분오이
鐵텰丸환三삼箇개라
小쇼勝승字ᄌᆞ銃츙筒통에ᄂᆞᆫ小쇼藥약線션이
세치오火화藥약이세돈이오土토隔격이두分
분이오鐵텰丸환이세낫이라
三삼眼안銃츙에每미一일穴혈에小쇼藥약線션
三삼寸촌오이火화藥약三삼錢젼오이土토隔격二이
分분오이鐵텰丸환一일箇개라
三삼眼안銃츙애ᄂᆞᆫ每미ᄒᆞᆫ굼긔小쇼藥약線션

이서치오火화藥약이세돈이오土토備비이두

分분이오鐵텰丸환이ᄒᆞᆫ낫이라

蒺질藜녀砲포는用용地디火화筒통ᄒᆞ야穿쳔穴혈ᄒᆞ고以이小쇼發발火화藥약線션으로納납其기穴혈ᄒᆞ야兩냥筒통相샹合합ᄒᆞ고以이苧뎌繩승으로付부結결ᄒᆞ야使ᄉᆞ不블相샹離리ᄒᆞ고先션於어砲포筒통內내底뎌애布포火화藥약ᄒᆞ고次ᄎᆞ納납付부結결地디火화及급菱릉鐵텰ᄒᆞ고又우以이艾애葉엽으로塡뎐其기空공處처ᄒᆞ야使ᄉᆞ不블搖요動동ᄒᆞ고以이盖개로塞식其기口구而이膠교之지ᄒᆞ고以이紙지塗

도其기全젼體톄四ᄉᆞ五오襲습라ᄒᆞ藥약線션穴혈
二이ㅣ在지底뎌나ᄒᆞ臨림時시穿쳔之지라ᄒᆞ投투擲
텩之지時시예恐공火화滅멸故고로二이處쳐穿
쳔穴혈라ᄒᆞ若약用용船션上상則즉有유菱릉鐵텰
나ᄒᆞ名명曰왈蒺질藜려砲포외用용於이陸륙地디
則즉無무菱릉鐵텰나ᄒᆞ名명曰왈散산花화砲포라
蒺질藜려砲포ᄂᆞᆫ地디火화筒통을벅굼글듧고
小쇼發발火화藥약線션으로벅그굼거녀허두
筒통식서르合합ᄒᆞ고모시노흐로벅브터미여
히여곱서르어긋나디몯ᄒᆞ게ᄒᆞ고몬져砲포筒

통안밋티火화藥약을펴고버거브터믿地디火
화와밋마람쇠를녀코산복닙으로ᄡᅥ그빈곳의
메워ᄒᆡ여곰옴조기디몯ᄒᆞ게ᄒᆞ고두에로ᄡᅥ그
부리를막아브티고죠히로ᄡᅥ그왼몸을네다ᄉᆞᆺ
블을ᄇᆞ르라藥약심굼우둘히밋티이시니臨림
時시예ᄯᅮᆯ으라드리틸졔블이배달가저ᄒᆞᄒᆞᄂᆞᆫ
故고로두곳애굼글ᄯᅮᆯ으라만일비우회블적이
어든마람쇠이시니일홈이ᄀᆞᆯ온蒺질藜녀砲포
ㅣ오못사회블적이면마람쇠업스니일홈이ᄀᆞᆯ
온散산花화砲포ㅣ라

大대筒통애巢소藥약五오兩냥이오地디火화小쇼
發발火화具구八팔十십一일이니每미四ᄉᆞ連련線
션中듕小쇼藥약線션各각一일條됴와菱릉鐵텰
二이十십오이艾애葉엽은入입量냥이라筒통底뎌二
이穴혈애連련線션中듕藥약線션二이條됴라
大대筒통애ᄂᆞᆫ巢소藥약이닷兩냥이오地디火
화와小쇼發발火화具구ᄒᆞ여드ᄒᆞᆫ나히니每
티니連련線션ᄒᆞᆯ中듕小쇼藥약線션이各각ᄒᆞᆫ
오리오마람쇠스믈이오북님은ᄂᆞᆫ대로ᄒᆞ라
筒통밋두굼긔連련線션ᄒᆞᆯ中듕藥약線션이두

오리라

中듕筒통애巢소藥약三삼兩냥이오地디火화사쇼發발火화具구三삼十십이니每ᄆᆡ四ᄉᆞ連련線션中듕小쇼藥약線션各각一일條됴ㅣ오菱릉鐵텰十십이오艾애葉엽은入입量냥이라筒통底뎌二이穴혈애

連련線션中듕藥약線션一일條됴ㅣ라

中듕筒통애ᄂᆞᆫ巢소藥약이셕兩냥이오地디火화와小쇼發발火화具구ᄒᆞ여셜ᄒᆞᆫ이니每ᄆᆡ

連련線션ᄒᆞᆯ中듕小쇼藥약線션이各각ᄒᆞᆫ오리오마람쇠열히오북넙은드ᄂᆞᆫ대로ᄒᆞ라筒통ᄆᆞᆺ

두굼긔連련線션ᄒᆞᆯ中듕藥약線션이ᄒᆞᆫ오리라
小쇼筒통애巢소藥약二이兩냥이오地디火화小쇼
發발火화具구十십五오ㅣ니每ᄆᆡ四ᄉᆞ連련線션中
듕小쇼藥약線션各각一일條됴외菱릉鐵텰十십
이오艾애葉엽은入입量냥이라筒통底뎌二이穴혈애
連련線션中듕藥약線션一일條됴ㅣ라
小쇼筒통애ᄂᆞᆫ巢소藥약이두兩냥이오地디火
화와小쇼發발火화具구ᄒᆞ야열다ᄉᆞᆺ이니每ᄆᆡ
네連련線션ᄒᆞᆯ中듕小쇼藥약線션이各각ᄒᆞᆫ오
리오마람쇠열ᄎᆡ오뿍닙은ᄂᆞᆫ대로ᄒᆞ라筒농

밋두굼긔連련線션ᄒᆞᆯ中듕藥약線션이ᄒᆞᆫ오리라

中듕神신機긔火화車차ᄂᆞᆫ車차制졔如여常샹而이用용版판子ᄌᆞ面면方방ᄒᆞ야一일行항애各각穿쳔十십穴혈ᄒᆞ야至지十십行힝則즉一일百빅穴혈이니每미穴혈에揷삽中듕神신機긔箭젼筒통付부結결小쇼發발火화者쟈 一일柄병ᄒᆞ고用용中듕藥약線션五오沙사里리ᄒᆞ야連련箭젼筒통藥약線션ᄒᆞ야次太次太合합索삭ᄒᆞ고兩냥端단燃연火화ᄒᆞ라

中듕神신機긔火화車차ᄂᆞᆫ술위人制졔도ᄂᆞᆫ常

상네긋거시와별을쓰되面면이方방졍케ᄒᆞ야
홈줄에各각열솜골솔위열줄에니르면一일百
ᄇᆡᆨ굼기니每ᄆᆡ굼긔中듕神신機긔箭젼筒통애
小쇼發발火화를브티면ᄒᆞᆫᄌᆞ르식곳고中듕藥
약線션다ᄉᆞᆺ자리로벼箭젼筒통藥약線션과連
련ᄒᆞ야次ᄎᆞ次ᄎᆞ모도와셔고두긋테블을브티
라
火화車차ᄂᆞᆫ車차制제如여常상而이用용版판子
ᄌᆞᄒᆞ야鑿작孔공植식木목ᄒᆞ야容용筒통柄병穴혈ᄒᆞ되
一일層층에各각十십이니至지五오層층共공五오

十십이라 又우用용枕침木목五오條됴ᄒᆞ야每미條됴에刻각五오處쳐ᄒᆞ며與여植식木목齊졔ᄒᆞ고用용鍮유字ᄌᆞ銃츙五오十십柄병ᄒᆞ라每미一일柄병에小쇼藥약線션半반條됴외火화藥약二이錢젼이오土토隔격五오分분이니用용皮피翎령木목筅션ᄒᆞ라先션列렬五오柄병於어一일枕침木목刻각處쳐ᄒᆞ야筒통柄병穴혈을冒모於어植식木목ᄒᆞ고用용中즁藥약線션五오沙사里리ᄒᆞ야連련筒통線션次ᄎᆞ次ᄎᆞ合합索삭ᄒᆞ야盡진五오層층而이止지ᄒᆞ고臨림時시燃연線션ᄒᆞ라

火화車챠ᄂᆞᆫ술위人制제도ᄂᆞᆫ常샹녜ᄀᆞᆺ거니와널을ᄡᅧ굼글ᄠᅮᆯ고남글박어筒통ㅅᄌᆞᄅᆞ굼긔들게ᄒᆞ되ᄒᆞᆫ層층에各각열히니다ᄉᆞᆺ層층에니르면오로쉰이라쟌배올남오다ᄉᆞᆺ오리ᄅᆞᆯᄡᅧ每미오리예다ᄉᆞᆺ솟을어히되박은남그로더블어ᄀᆞᄌᆞ론케ᄒᆞ고宙듀字ᄌᆞ銃총쉰ᄌᆞᄅᆞᄅᆞᆯᄡᅳ라每미ᄒᆞᆫᄌᆞᄅᆞ애小쇼藥약線션이半반오리오火화藥약이두돈이오土토隔격이다ᄉᆞᆺ分분이나皮피翎령木목箭젼을ᄡᅳ라몬져다ᄉᆞᆺᄌᆞᄅᆞᄅᆞᆯᄒᆞᆫ배올남우어힌곳에버려筒통ㅅᄌᆞᄅᆞ굼글박은남긔

벼오고中듕藥약線션다솟사리믈벼筒통入입
에連련ᄒᆞ야次ᄎᆞ次ᄎᆞ모도와싸와다솟層층에
다어그치고臨림時시ᄒᆞ야심어블을브티라
宇우字ᄌᆞ銃츙筒통애小쇼藥약線션半반半반條
됴외火화藥약三삼錢젼오이木목稜능箭젼一일낭
去거구힘百빅步보ᄂᆞ라或혹用용丸환則즉火약
藥약三삼錢젼五오分분오이鐵텰丸환三삼箇개라
宇우字ᄌᆞ銃츙筒통애는小쇼藥약線션이半반
半반오리오火화藥약이서돈이오木목稜능箭
젼ᄒᆞᆫ나이니七칠百빅步보를가ᄂᆞ라或혹ᄒᆞᆫ鐵

텰丸환쁠적이어든火화藥약이서돈다ᄉᆞᆺ分분
이오鐵텰丸환이세낫이라
宙듀字ᄌᆞ銃충筒통ᄃᆡ小쇼藥약線션半반半반條
됴외鐵텰丸환二이箇개오或혹火화箭젼一일이
火화藥약은皆기二이錢젼五오分분이리皮피翎령
木목箭젼一일에火화藥약二이錢젼니이ᄒᆞ고七칠
百ᄇᆡᆨ步보니ᄒᆞᄂᆞ라
宙듀字ᄌᆞ銃충筒통애ᄂᆞᆫ小쇼藥약線션이半반
半반ᄌᆞ리오鐵텰丸환이두낫이오或혹火화箭
젼이ᄒᆞᆫ나히니火화藥약은다두돈다ᄉᆞᆺ分분이

라皮피翎령木목箭젼ᄒᆞ나회ᄂᆞᆫ火화藥약이두
돈이니七칠百빅步보를가ᄂᆞ니라
洪홍字ᄌᆞ銃춍筒통에小쇼藥약線션半반半반條
됴외火화藥약三삼錢젼오이鐵텰丸환一일箇개라
洪홍字ᄌᆞ銃춍筒통에ᄂᆞᆫ小쇼藥약線션이半반
半반오리오火화藥약이서돈이오鐵텰丸환이
ᄒᆞᆫ낫이라
荒황字ᄌᆞ銃춍筒통에小쇼藥약線션半반半반條
됴외火화藥약三삼錢젼오이鐵텰丸환二이箇개ㅣ
荒항字ᄌᆞ銃춍筒통에ᄂᆞᆫ小쇼藥약線션이半반

半반오리오火화藥약이서돈이오鐵텰丸환이
두낫이라
日일字ᄌᆞ銃춍筒통애小쇼藥약線션半반半반條
됴의火화藥약三삼錢젼이오皮피翎령小쇼隱은藏
장箭젼一일이니去거一일千쳔一일百빅步보ᄒᆞᄂᆞ니라
或혹用용丸환則즉火화藥약三삼錢젼五오分분
이오鐵텰丸환三삼箇개라
日일字ᄌᆞ銃춍筒통애ᄂᆞᆫ小쇼藥약線션이半반
半반오리오火화藥약이서돈이오皮피翎령小
쇼隱은藏장箭젼이ᄒᆞ나이니一일千쳔一일百

빅步보ᄅᆞᆯ가ᄂᆞ니라或혹鐵텰丸환ᄡᅳᆯ적이어든
火화藥약이서돈다ᄉᆞᆺ分분이오鐵텰丸환이서
낫이라
月월字ᄌᆞ銃츙筒통에小쇼小쇼藥약線션半반半
반條됴와火화藥약五오分분이오鐵텰丸환一일箇
개나鐵텰欠흠子ᄌᆞ로執집放방ᄒᆞ라
月월字ᄌᆞ銃츙筒통애ᄂᆞᆫ小쇼小쇼藥약線션이
半반半반오리오火화藥약이다ᄉᆞᆺ分분시오鐵
텰丸환니ᄒᆞᆫ낫이나쇠집게로잡고노ᄒᆞ라
盈영字ᄌᆞ銃츙筒통에小쇼藥약線션半반半반條

됴오 火화藥약 一일錢전오鐵텰丸환一일箇개다
盈영字ᄌᆞ銃츙筒통애ᄂᆞᆫ小쇼藥약線션이半반
半반오리오火화藥약이ᄒᆞᆫ돈이오鐵텰丸환이
ᄒᆞᆫ낫이라
昃쳑字ᄌᆞ銃츙筒통애 小쇼藥약線션半반半반條
됴외鐵텰丸환二이箇개오火화箭전一일ᄂᆞ이火화
藥약은皆ᄀᆡ二이錢전五오分분이라
昃쳑字ᄌᆞ銃츙筒통애ᄂᆞᆫ小쇼藥약線션이半반
半반오리오鐵텰丸환이두낫이오火화箭전이
ᄒᆞᆫ나이니火화藥약은다두돈나옷分분이라

裁지作작式식이라

大대發발火화一일에 表표紙지一일張댱으로 二쳡

折졀ᄒᆞᆫ라 立립筒통長댱이 一일尺쳑一일寸촌一일

分분이오 火화藥약三삼兩냥이라

大대發발火화ᄒᆞᆫ나의ᄂᆞᆫ 表표紙지ᄒᆞᆫ張댱으로

세헤그츠라셰온筒통ㅅ길이ᄒᆞᆫ자ᄒᆞᆫ치ᄒᆞᆫ分분

이오 火화藥약이석兩냥이라

中듕發발火화二이에 表표紙지一일張댱으로 四ᄉᆞ

折졀ᄒᆞᆫ라 立립筒통長댱이 七칠寸촌三삼分분이오 火

화藥약各각二이兩냥이라

中듕發발火화둘희는表표紙지ᄒᆞᆫ張댱으로녀
헤굿초라셰온筒통ㅅ길이닐곱치세分분이오
火화藥약이各각두兩냥이라
小쇼發발火화十십五오예表표紙지一일張댱으로
十십五오片편ᄒᆞ라立립筒통長댱이一일寸촌八팔
分분이오火화藥약各각一일錢전이라
小쇼發발火화열다ᄉᆞᆺ애는表표紙지ᄒᆞᆫ張댱으
로열다ᄉᆞᆺ조각의ᄒᆞ라셰온筒통ㅅ길이ᄒᆞᆫ치녀
ᄃᆞᆲ分분이오火화藥약이各각ᄒᆞᆫ돈이라
中듕神신機긔筒통十십에表표紙지二이張댱식

반으로十십片편ᄒᆞ라立립筒통長댱이六륙寸촌四ᄉᆞ
分분이오火화藥약各각一일兩냥五오錢젼이라
ᄆᆡ듕神신機긔筒통열헤ᄂᆞᆫ表표紙지두張댱半
반오로열조각의ᄒᆞ라세온筒통ㅅ길이여ᄉᆞᆺ치
네分분이오火화藥약이各각ᄒᆞᆫ兩냥다ᄉᆞᆺ돈이
라
走주火화筒통은中듕神신機긔筒통으로同동ᄒᆞ니라
走주火화筒통은中듕神신機긔筒통과ᄀᆞᆺᄐᆞ
ㅣ라
地디火화八팔에表표紙지一일張댱으로八팔片편

ᄒᆞ라立립筒통長댱이四ᄉᆞ寸촌三삼分분一일釐리
으火화藥약各각一일兩냥一일錢젼이가
抛포火화여ᄃᆞᆲ애ᄂᆞᆫ表표紙지ᄒᆞᆫ張댱으로여ᄃᆞᆲ
조각의ᄒᆞ라세온筒통ᄉᆞ길이네치세分분ᄒᆞᆫ釐
려오火하藥약이各각ᄒᆞᆫ兩냥ᄒᆞᆫ돈이라
大대藥약線션十십條됴애大대藥약線션紙지一
일張댱半반으로十십條됴裁저作작ᄒᆞ라長댱이一일
尺쳑四ᄉᆞ寸촌이오每매一일條됴애火화藥약各각
八팔分분이라
大대藥약線션열오리에ᄂᆞᆫ大대藥약線션紙지

ᄒᆞᆫ張댱半반으로열오리에裁지作작ᄒᆞ라길이
ᄒᆞᆫ자네치오毎미ᄒᆞᆫ오리에火화藥약이各각여
ᄃᆞᆲ분이라
中듕藥약線션十십條됴에小쇼藥약線션紙지一
일張댱半반ᄋᆞ로十십條됴裁지作작ᄒᆞ라長댱이九구
寸촌이오毎미一일條됴에火화藥약各각二이分분
三삼釐리곽
中듕藥약線션열오리에ᄂᆞᆫ小쇼藥약線션紙지
ᄒᆞᆫ張댱半반으로열오리에裁지作작ᄒᆞ라길이
아홉치오毎미ᄒᆞᆫ오리에火화藥약이各각두푼

셰釐리라

小쇼藥약線션十십條됴에ᄂᆞᆫ쇼藥약線션紙지一
일張댱으로十십條됴裁재作작ᄒᆞ라長댱이九구寸촌
이오每미一일條됴에火화藥약各각一일分분五오
釐리라

小쇼藥약線션열오리에ᄂᆞᆫ쇼藥약線션紙지
ᄒᆞᆫ張댱으로열오리예裁지作작ᄒᆞ라길이아홉
치오每미ᄒᆞᆫ오리예火화藥약이各각ᄒᆞᆫ푼다ᄉᆞᆺ
釐리라

石셕硫류火화箭전十십五오에表표紙지半반張

당으로十십五오片편ᄒᆞ라立립筒통長당이三삼寸촌
이오包포圓원三삼寸촌이오焰염硝쇼四ᄉᆞ兩냥五오
錢젼이오石셕硫류黃황二이兩냥一일錢젼이오火화
藥약九구錢젼이오黃황蜜밀一일兩냥이오麻마絲ᄉᆞ
二이錢젼이오松숑脂지五오兩냥이오膠교末말二이
錢젼이오外외褁과表표紙지半반張당이라
石셕硫류火화箭젼열다ᄉᆞᆺ애ᄂᆞᆫ表표紙지半반
張당으로열다ᄉᆞᆺ조각의ᄒᆞ라셰온筒통ㅅ길이
세치오번도래세치오焰염硝쇼ㅣ넉兩냥다ᄉᆞᆺ
돈이오石셕硫류黃황이두兩냥ᄒᆞᆫ돈이오火화

藥약이아홉돈이오黃황蜜밀이ᄒᆞᆫ兩냥이오삼

실이두돈이오松숑脂지닷兩냥이오플ᄀᆞᄅᆞ두

돈이오밧긔벌表표紙지半반張댱이라

明명火화三삼十십애表표紙지一일張댱으로三삼

十십片편ᄒᆞ라立립筒통長댱이二이寸촌八팔分분

이오外외圓원이一일寸촌五오分분이오各각藥약이

五오錢젼이라

明명火화설ᄒᆞᆫ애는表표紙지ᄒᆞᆫ張쟝으로설ᄒᆞᆫ

조각의ᄒᆞ라졔온筒통ㅅ길이두치여ᄃᆞᆲ分분이

오밧도래ᄒᆞᆫ치닷分분이오各ᄀᆞᆨ藥약이다ᄉᆞᆺ돈

이라

劑졔藥약式식이라

火화藥약一일劑졔에石셕硫류黃황十십兩냥과柳류灰회二이斤근八팔兩냥마斑반猫묘四ᄉᆞ錢젼五오分분을各각末말篩ᄉᆞ下하ᄒᆞ야交교合합重듕篩ᄉᆞᄒᆞ고銅동鍋와內ᄂᆡ에盛셩水슈五오升승ᄒᆞ고將장焰염硝쇼十십斤근ᄒᆞ야以이三삼斗두炭탄火화로溶용化화ᄒᆞ야放방頓돈他타處쳐ᄒᆞ고將장前젼末말ᄒᆞ야投투鍋와內ᄂᆡᄒᆞ고不블停뎡手슈攪교匀균後후에陽양乾간ᄒᆞ야添뎜水슈擣도下하ᄒᆞ라每ᄆᆡ一

일斤근에 劣렬一일兩냥이라
火화藥약ᄒᆞᆫ劑제에 石셕硫류黃황열兩냥과 柳류灰회두斤근여ᄃᆞᆲ兩냥과 斑반猫묘너돈다ᄉᆞᆺ푼을 각각ᄀᆞᆯ아 체로쳐 섯거다 사ᄎᆞ고 통가마안희 믈닷되로붓고 焰염硝쇼열斤근을 가져서 말숫블로ᄲᅢ노겨다른뒤 내여노코 前젼人ᄀᆞᆯᄅᆞᆯ가져 가마안희녀코 손을그치디말고 저어 섯근後후에 볏틔몰뢰야 믈을添텸ᄒᆞ야 쎄ᄒᆞ라 每ᄆᆡᄒᆞᆫ斤근에 ᄒᆞᆫ兩냥식 ᄭᅥᄂᆞ니라
倭왜藥약一일劑제에 焰염硝쇼一일斤근二이錢젼

每柄焰焇二錢石硫黃一錢四分火藥六分

뎐오이石셕硫류黃황二이兩냥五오錢젼오이柳류灰
회二이兩냥五오錢젼니이各각研연篩ᄉᆞ下하ᄒᆞ야구
십分분臼구擣도ᄒᆞ라
예藥약ᄒᆞᆫ劑졔예焰염焇쇼ㅣᄒᆞᆫ斤근두돈이오
石셕硫류黃황이두兩냥닷돈이오柳류灰회두
兩냥닷돈이니각각ᄀᆞᆯ아처ᄀᆞ잔ᄯᅥᄒᆞ라
石셕硫류火화箭젼藥약一일劑졔예焰염焇쇼一
일斤근十십四ᄉᆞ兩냥과石셕硫류黃황十십四ᄉᆞ
兩냥과火화藥약六륙兩냥을交교合합ᄒᆞ야每미一
인柄병애各각五오錢젼이리

每柄焰焇
二錢九分
五釐石硫
黃一錢九分、
柳灰一分
五釐

石셕硫류火화箭젼藥약ᄒᆞᆫ劑졔에焰염焇쇼ᄒᆞᆫ
斤근열닷兩냥과石셕硫류黃황열닷兩냥과火
화藥약엿兩냥을섯거每ᄆᆡᄒᆞᆫ졀리各각닷돈식
이라
明명火화藥약一일劑졔에焰염焇쇼三삼斤근十
십一일兩냥과石셕硫류黃황二이斤근六륙兩냥
과柳류灰회三삼兩냥을各각研연篩ᄉᆞ下하야每
ᄆᆡ一일柄병애各각五오錢젼이라
明명火화藥약ᄒᆞᆫ劑졔예焰염焇쇼서斤근열ᄒᆞᆫ
兩냥과石셕硫류黃황두斤근엿兩냥과柳류灰

柄火藥四兩石黃五錢鉄末四正鉄末兩五錢

회석兩냥을각각골이처每미ᄒᆞᆫ줄리各각닷돈
식이라

噴분筒통藥약一일劑제예火화藥약四ᄉᆞ十십三
삼斤근十십二이兩냥과石셕硫류黃황一일斤근
九구兩냥과水슈鐵텰末말十십二이斤근八팔兩
냥과正정鐵텰末말四ᄉᆞ斤근十십一일兩냥을交
교合합ᄒᆞ야每미一일柄병에各각二이十십兩냥藏
장入입ᄒᆞ라

噴분筒통藥약ᄒᆞᆫ劑졔예火화藥약마은서斤근
열두兩냥과石셕硫류黃황ᄒᆞᆫ斤근아홉兩냥과

무쇠ᄭᆞᄅᆞᆫ 열두斤근 여ᄃᆞᆲ兩냥과 正셩鐵텰ᄭᆞᄅᆞᆫ

너斤근 열ᄒᆞᆫ兩냥을 섯거 舞미 ᄒᆞᆫ줄리 ᄉᆞᆷ각ᄉᆞ으

兩냥식 녀ᄒᆞ라

火화砲포式식諺언解히 終종

新신傳뎐煮자取취焰염焇쇼方방諺언解히

本본寺시는 即즉國국之지武무庫고也야라
兵병戎융器긔械계ㅣ 靡미不블精졍利리而이
唯유此ᄎᆞ焰염焇쇼煮자取취一일事ᄉᆞㅣ 從죵
前젼未미盡진其기法법ᄒᆞ야 用용力녁多다而이
所소獲획少쇼ᄒᆞ니 每미籲유天텬朝됴ᄒᆞ야 節졀
續쇽貿무來리ᄒᆞ되 常상患환不블敷부러니 即즉有
유別별將장姓셩名명成셩根근이 慨개意의於
어斯ᄉᆞᄒᆞ야 或혹問문於어被피虜로人인ᄒᆞ며 或혹
質질諸졔流뉴漢한ᄒᆞ고 間간以이意의起긔ᄒᆞ야 試

시於어私ᄉᆞ而이設셜於어公공ᄒᆞ야事ᄉᆞ美미半
반而이功공果과百ᄇᆡᆨ倍ᄇᆡ라ᄒᆞᆫ디其기有유關관
係거 國국家가ㅣ大대矣의ᄅᆞ 仍잉舊구其기
術슐ᄒᆞ야分분爲위十십五오節졀ᄒᆞ야略냑成셩此
ᄎᆞ方방이어니와若약夫부增증損손制졔宜의ᄂᆞᆫ更
깅俟ᄉᆞ知디者쟈ᄒᆞ노라
夲본寺시ᄂᆞᆫ곤나라ㅅ武무庫고ㅣ라兵병戎융
器긔械계ㅣ精졍취리티아니티아니ᄒᆞ되오직
이焰염焇쇼煮자取취ᄒᆞᄂᆞᆫᄒᆞᆫ일이前젼브터그
法법을다몬ᄒᆞ야힘ᄡᅳ기ᄂᆞᆫ만ᄒᆞ되인ᄂᆞᆫ바ᄂᆞᆫ져

그니미양 天텬朝됴의청ᄒᆞ야나옴ᄃᆞ라사오
되常샹해녁녁디를흠을근심ᄒᆞ더니別별將장
인姓셩名명이咸함根근이이셔쁜더이에애돌
라或혹被피虜로ᄒᆞ엿던사ᄅᆞᆷ의게도구ᄅᆞ며衰
후뉴리ᄒᆞᆫ등원사ᄅᆞᆷ의ᄢᅦ도절졍ᄒᆞ고ᄉᆞ이ᄉᆞ이
제의ᄉᆞ로ᄡᅡ날위어ᄉᆞᄉᆞ로시험ᄒᆞ고구워여버
프니일은叛반이몰ᄒᆞᆫ되功공이과연百ᄇᆡᆨ倍ᄇᆡ
나ᄒᆞ더라그國국家가에관계흠이클ᄉᆡ인ᄒᆞ여
그術슐을聚취ᄒᆞ야分분ᄒᆞ여열다ᄉᆞᆺ졀목을ᄒᆞ
야잡션이方방을일오거나와만일이며뎐어

맛당케ᄒᆞ기ᄂᆞᆫ다ᄉᆞ아ᄂᆞᆫ이ᄅᆞᆯ기도로ᄂᆞ라

取취土토래 흙取취ᄒᆞᄂᆞᆫ법이라.

年년久구家가屋옥內내ㅅ或혹竈조陘형或혹抹
말樓루下하或혹牆장壁벽底더或혹破파突들底
뎌土토를以이曲곡鍤삽으로輕경輕경割팔取취上
상面면ᄒᆞ고不불務무深심取취니以이舌셜로舐시
嘗상其기味미ᄒᆞ면或혹醎함或혹酸산或혹甘감或
혹辛신者자是시好호ㅣ니如여法법收슈取취ᄒᆞ라
희오랜집안人인或혹브억바당이나或혹抹말樓
루아래나或혹ᄇᆞ람미티나或혹헌구들믿ᄒᆞᆰ을

곱경鍤삽으로ᄁ만ᄒᆞᆫ만우호로만글기取취ᄒᆞ、
교기피取취키를힘ᄡᅳ지말며너혀로그마슬할
타맛보면或흑ᄡᅳ거나或혹식거나或혹돌거나
或흑밉거나ᄒᆞᆫ者쟈ㅣ이됴ᄒᆞ니法법ᄀᆞᆺ티거도
ㅣ取취ᄒᆞ라
和화合합이라 섯거버므리ᄂᆞᆫ법이라
又우取취人인尿됴의及급釜부底뎌灰회와及급
雜잡灰회ᄒᆞ야與여右우土토和화匀균ᄒᆞ고以이版판
鍤잡으로屢루翻번交교合합ᄒᆞ야積젹峙티一일處쳐
ᄒᆞ야勿믈令령見견雨우ᄒᆞ라積젹屋옥裏리尤우佳가

ᄒᆞ니라

또사ᄅᆞᆷ의오좀과가마아래ᄌᆡ와잡치ᄅᆞᆯ取취ᄒᆞ야젼ᄒᆰ과로버므려가래로여러번뒤여섯거ᄒᆞᆫ끈애싸하히여곰비ᄅᆞᆯ보게말라집안희싸ᄒᆞ면더욱됴ᄒᆞ니라

蒸증白ᄇᆡᆨ이라ᄲᅥ위부희게ᄒᆞᄂᆞᆫ법이라

又우取취馬마通통晒ᄉᆡ乾간ᄒᆞ야掩엄置티右우積젹峙티土토上샹ᄒᆞ고以이火화燒쇼之지ᄒᆞ야令령火화氣긔로透투入입裏리面면則즉濕습熱열薰훈蒸증ᄒᆞ야自ᄌᆞ生ᄉᆡᆼ白ᄇᆡᆨ苔ᄐᆡᄒᆞᄂᆞ니待ᄃᆡ四ᄉᆞ五오朔

삭後후에聽텽用용ᄒᆞ라愈유久구愈유佳가ᄒᆞ니라
ᄯᅩ몰똥을取취ᄒᆞ여버티물뢰야전의ᄡᅥ혼ᄒᆞᆰ우
희덥고블로ᄉᆞᆯ와블거운으로히여곰ᄌᆞ므처속
에든게ᄒᆞ연덥듣ᄒᆞᆫ김에ᄲᅧ셔절로흰잇기나ᄂᆞ
니네대엿쏠올기도론後후에ᄡᅳ라더오으래도
록더옥됴ᄒᆞ니라
滓지土토ㅣ라 조의ᄒᆞᆰ다시ᄡᅳᄂᆞᆫ법이라
元원土토聽텽用용後후에仍잉收슈其기滓지土
토ᄒᆞ고且차取취人인尿료와及급馬마通통과及급
雜잡灰회와及급新신赤적粘졈土토ᄒᆞ야與여滓지

土토로 同동合합成셩泥니ᄒᆞ야 或혹作작甎젼ᄒᆞ며 或
혹築튝墻장ᄒᆞ야 勿믈令령見견雨우ᄒᆞ고 待ᄃᆡ三삼年
년取취用용ᄒᆞ라 品품佳가於어新신寨치土토ᄒᆞ니라
밋ᄒᆞᆰ을 ᄡᅳᆫ後후에 인ᄒᆞ여 그 즈의 ᄒᆞᆰ을 거도고 또
사ᄅᆞᆷ의 오좀과 물ᄯᅩᆼ과 집지와 새블근 날ᄒᆞᆰ을 取
취ᄒᆞ야 즈의 ᄒᆞᆰ과로 ᄒᆞᆫᄃᆡ 버므려 즐게 너겨 或혹
벽도 밍ᄀᆞᆯ며 或혹 담도 ᄡᅡᄒᆞ여 곰비ᄅᆞᆯ 보게 말고
三삼年년을 기ᄃᆞ려 ᄡᅳ라 品품이 새로긘 ᄒᆞᆰ이셔
됴ᄒᆞ니라
本본水슈ㅣ라 밋물ᄒᆞᄂᆞᆫ 법이라

初초煉련再지煉련後후에所소倒도剩잉水슈ᄅᆞᆯ
謂위之지本본水슈ㅣ니라ᄒᆞ 凡범初초煉련時시에
不블以이本본水슈로乘승添텸則즉焇쇼不블得
득成셩ᄒᆞᄂᆞ니 若약欲욕煮자焇쇼而이無무本본水
슈則즉初초煉련時시에焇쇼雖슈不블成셩이나留
뉴取취其기水슈ᄒᆞ야以이作작後후用용之지本본
水슈ᄒᆞ라故고로初초設셜五오六륙日일以이前젼
은難난望망實실效효ㅣ라或혹有유停뎡役역之지
時시라도然연本본水슈ᄅᆞᆯ不블可가棄기니須슈盛
셩陶도盆분ᄒᆞ야埋ᄆᆡ於어地디中듕ᄒᆞ야以이備비後

후用용ᄒᆞ라經경數수年년이라도亦역可가用용이니라
初초煉련再ᄌᆡ煉련ᄒᆞᆫ後후에ᄡᅳ든바나믄믈을
밋믈이라니ᄅᆞᄂᆞ니므릇初초煉련ᄒᆞᆯ제밋믈로
ᄢᅦ텻添텸티아니ᄒᆞ면염쇼ㅣ되디아니ᄒᆞᄂᆞ니만
일염쇼ᄅᆞᆯ고오고져호ᄃᆡ밋믈이업거든初초煉
련ᄒᆞᆯ제염쇼ㅣ비록되디아니ᄒᆞ나그믈만머무
러두어後후에쁠밋ᄉᆞᆷ을삼으라이러ᄒᆞᆷ으로처
엄비셜ᄒᆞᆫ다엿쇄로前젼은實실ᄒᆞᆫ효험을보라
기어려온디라或혹역ᄉᆞ뎡침ᄒᆞᆯ적이라도밋믈
을可가히ᄇᆞ리디몯ᄒᆞᆯ거시니모롬이ᄃᆞᆯ롬거ᄃᆞᆷ

아삭히무더後후에ᄡᅳ기를ᄀᆞ초라두어ᄒᆞ다나
도ᄯᅩᄒᆞᆫ可가히ᄡᅳ리라
作작灰회라 지밍ᄀᆞᄂᆞᆫ법이라
最최佳가著자ᄂᆞᆫ海ᄒᆡ紅홍草초와與여蜀쵹秫튤
竿간俗名슈슛대灰회니海ᄒᆡ紅홍은於어八팔月월望
망前젼에ᄎᆡ애取취作작灰회ᄒᆞ되須슈令령徹텰裏
리爛난燒쇼ᄒᆞ야以이烟연盡진爲위度도ᄒᆞ야即즉以
이新신汲급水슈로調됴白ᄇᆡᆨ如여泥니ᄒᆞ야仍잉置
티燒쇼處쳐ᄒᆞ야使ᄉᆞ熱열氣긔薰훈蒸증ᄒᆞ야勿믈令
령見견雨우ᄒᆞ고待ᄃᆡ四ᄉᆞ五오日일聽텽用용ᄒᆞ라蜀

ᄒᆞᆯ秫튤則즉摘뎍穗슈去거葉엽ᄒᆞ고直딕待ᄃᆡ霜상
降강ᄒᆞ야近근根근세애取취ᄒᆞ고還환拾습其기葉엽
ᄒᆞ야葉엽竿간相샹雜잡ᄒᆞ야積젹累루田뎐中듕ᄒᆞ고從
죵風풍放방火화ᄒᆞ야烈렬焰염焚분過과ᄒᆞ면葉엽則
즉燒쇼而이竿간則즉乾간ᄒᆞᄂᆞ니如여是시者자ᄂᆞᆫ
欲욕令령易이乾간而이使ᄉᆞ鹹함氣긔易이濕습
故고也야라一일抱포로作작束쇽ᄒᆞ되若약長댱炬
거形형ᄒᆞ야約약縛박八팔九구處쳐ᄒᆞ야埋미於어海
ᄒᆡ潮됴罕한至지之지地디ᄒᆞ야經경四ᄉᆞ十십餘여
日일이어든還환出츌曬쇄乾간ᄒᆞ야代ᄃᆡ柴싀煮자水

슈ᄒᆞ고 仍잉取취其기灰회則즉一일物믈而이兩냥
用용之지오 又우佳가於어諸제灰회ᄒᆞ니 又
우取취釜부底뎌灰회와 及급馬마通통灰회와 及
급靑쳥欅누俗名픗갈灰회와 及급蓬봉蒿고灰회四ᄉᆞ
種죵ᄒᆞ야 和화以이人인尿뇨와 及급所소用용諸졔
器긔洗셰淨졍水슈로 相상半반調됴白ᄇᆡᆨᄒᆞ야 積젹
置티溫온突돌ᄒᆞ야 使ᄉᆞ之지薰훈蒸증ᄒᆞ야 待ᄃᆡ五오
六뉵日일使ᄉᆞ用용ᄒᆞ리

ᄆᆞ장아ᄅᆞᆷ다온거시 海ᄒᆡ紅홍과 슈슈ᄉ대ᄌᆞ니
海ᄒᆡ紅홍은 八팔月월보롬前젼에 비여 ᄌᆞ롤밍

ᄆᆞ되모롬이ᄒᆞ여곰ᄉᆞᆨ이ᄉᆞᄆᆞᆺ도록ᄆᆞ르ᄉᆞᆯ와ᄂᆡ
업기로ᄲᅧ법을삼아주제새믈로ᄲᅥ버므려곤ᄒᆞᆯ
ᄆᆞ티ᄒᆞ야인ᄒᆞ여ᄉᆞᆯ온고ᄃᆡ두어더온김으로ᄒᆡ
여곰ᄲᆞ여뼈워ᄒᆡ여곰비롤보디몬ᄒᆞ게ᄒᆞ고四
ᄉᆞ五오日일을기돌려ᄡᅳ라슈슈는이삭으란ᄲᆞᆫ
고닙ᄒᆞ란업시ᄒᆞ고서리롤기돌려블희갓가이
븨고도로그닙흘주어닙과대를서르섯기밧가
온ᄃᆡ짜고ᄇᆞ롬조치로블을노하ᄉᆞᆺ블닐게브터면
닙흔ᄉᆞᆯ아디고대ᄂᆞᆫ모ᄅᆞᄂᆞ니ᄆᆞ티홈은ᄒᆡ여
곰수이몰라ᄡᅩ기윤으로수이비게ᄧᆞ뎌홈이라

ᄒᆞᆫ아름으로두슬밍ᄀᆞ되긴홰얼굴ᄀᆞ티ᄒᆞ야엿
아홉ᄭᅳᆯ들졸라미야바단밀믈듬을베나ᄅᆞᄂᆞᆫ다
무더마으나믄날더나거든도로내여볏티ᄆᆞᆯ뢰
야싀목을代ᄃᆡᄒᆞ야믈을달히고인ᄒᆞ여그ᄌᆞ를
取취ᄒᆞ면ᄒᆞᆫ거스로두가지ᄡᅳ고ᄌᆡ도ᄯᅩ모든ᄌᆞ
예셔아ᄅᆞᆷ다오니라ᄯᅩ가마밋ᄌᆞ와ᄃᆞᆰᄯᅩᆼᄌᆞ와프
갈ᄌᆡ와빈양ᄉᆞᄌᆡ와네가지를取취ᄒᆞ야사ᄅᆞᆷ의
오좀과예셔ᄡᅳᄂᆞᆫ모든그ᄅᆞᆺ시손믈과로서ᄅᆞᄭᅮ
반식ᄲᅡ버므려구돌에ᄡᅡ하두어ᄒᆡ여곰ᄠᅳᆫ게ᄒᆞ
야五오六륙日일을기돌려ᄡᅳ라

安안釜부罩리 가마안치ᄂᆞᆫ법이라

承승水슈大대釜부一일坐자ᄒᆞᆫ埋미於어近근槽조處처ᄒᆞ고正정水슈釜부六뉵坐자와正정煉련釜부二이坐자ᄂᆞᆫ各각容용十십桶통水슈ㅣᄃᆞᆼᄂᆞ安안於어一열處쳐ᄒᆞ되或혹分분安안兩냥處처ᄒᆞ야又우於어釜부後후에作작溫온突돌ᄒᆞ야以이備비積적灰회土토之지所소ᄒᆞ고澄딩請청釜부二이坐자란安안於어一일處쳐ᄒᆞ라 陶盆亦佳

물바·놈큰가마ᄒᆞᆫ나란귀우갓가온ᄃᆡ곳고正졍水슈ㅅ가마여숫파正졍煉련ㅅ가마둘은각각

열통문이담기ᄯᅳ니ᄒᆞᆫ고되거로되或혹ᄂᆞᆫ화득
고되걸라ᄯᅩ가마뒤헤구멍을ᄆᆡᆼ골아ᄲᅧ곰지와
ᄒᆞ야ᄊᆞᄒᆞᆯ곤들ᄆᆞ초고도쳥ᄒᆞᆯ가마ᄂᆞᆫ호란 ᄃᆞᆯ두모니 도료ᄒᆞ라
ᄒᆞᆫ고되안치라

列렬槽조ㅣ라 ᄒᆡ우버리ᄂᆞᆫ법이라

木목槽조十십坐자ᄂᆞᆫ形형如여酒쥬槽조而이無
무足죡有유口구ᄒᆞ고其ㅣ底뎌板판則즉兩냥邊변
이暫잠高고ᄒᆞ되向향心심漸졈斜샤ᄒᆞ야以이爲위水
슈道도而이容용各각三삼石셕ᄒᆞ라列렬十십槽조
一일行항ᄒᆞ되口구皆ᄀᆡ向향內내ᄒᆞ고口구下하애橫

황安안一일筧현ᄒᆞ고(割竹承水引注埋釜者)每미槽조內내여

橫횡排배六뉵七칠條됴小쇼木목ᄒᆞ고布포竹듁簾념於어其기上샹ᄒᆞ라

나모귀우열쏘자ᄂᆞᆫ열굴이술고조ᄀᆞ트되발업고부리만잇고그바당널란두녁ᄀᆞ이잠ᄭᅡᆫ노프되가온대ᄯᅡ히로졈졈비슥게ᄒᆞ야ᄲᅢ물흐를길흘호되각각셕셤식담기게ᄒᆞ라열귀우를ᄒᆞᆫ줄로버리되부리를다안호로向향ᄒᆞ고부리아래ᄒᆞᆫ홈을ᄀᆞᄅᆞ안치고귀우마다안혜여닐곱오리효근남ᄀᆞᆯ빗노코대발을그우희펴라

載지土토라 ᄒᆞ시ᄂᆞᆫ법이라

却각以이馬마通통半반桶통으로 桶容四斗此半桶即二斗 輕경

輕경布포匀균於어槽조內ᄂᆡ簾념上상ᄒᆞ고次ᄎᆞ以이前전所소積적峙티醎함土토十십斗두로布포匀균於어馬마通통上상ᄒᆞ고次ᄎᆞ以이前전海ᄒᆡ紅홍灰회一일桶통과及급四ᄉᆞ種죵灰회一일桶통으로交교合합ᄒᆞ야共공二이桶통을布포匀균於어土토上상ᄒᆞ고又우以이醎함土토二이十십斗두로布포匀균於어灰회上상而이從죵槽조絃현暫잠低ᄒᆞ야以이取취載지水슈之지便편ᄒᆞ라如여是시則

주總총十십槽조醎함土토二이十십石셕이오籌주ᄒᆡ
紅홍灰회十십桶통이오四ᄉᆞ種죵灰회十십桶통也
야ㅣ라
므둑믈쏭半반桶통 반륙은두 날이리 으로빠서온서온
히귀우안발우희펴고버거前젼의싸헛던醎함
土토열말로버몰쏭우희펴고ᄅᆞ고버거前젼人
海히紅홍人지ᄒᆞᆫ桶통과네가짓지ᄒᆞᆫ桶통으로
빠섯거두桶통을흙우희펴고ᄅᆞ고또醎함土토
ᄉᆞ므말로빠지우희펴고ᄅᆞ되귀우시울에잠산
ᄂᆞ조기ᄒᆞ야믈싯기도흘만케ᄒᆞ라이ᄆᆞ터ᄒᆞ면

오로열귀우에鹹함土토스므섬이오海ᄒᆡ紅홍
ㅅ지열桶통이오네가짓지열桶통이라
載지水슈ㅣ라 물싯ᄂᆞᆫ법이라
如여右우安안排배ᄒᆞ고於어四ᄉᆞ更경初초애先션
以이滓지水슈두火화湯탕令령熱열ᄒᆞ야分분載지
十십槽조ᄒᆞ야隨슈下하隨슈添텸ᄒᆞ라十십槽조之지
水슈ㅣ注주下하一일筧현ᄒᆞ야引인至지理리釜부
ㅣ어든待ᄃᆡ其기滿만盈영ᄒᆞ야挹읍盛셩六뉵釜부ᄒᆞ야
以이足족六뉵十십桶통之지數수ᄒᆞ고更ᄀᆡᆼ以이新
신水슈로又우添텸各각槽조ᄒᆞ야以이爲위來ᄅᆡ日

일所소用용ㅣ니此ᄎᆞ所소謂위滓ᄌᆡ水슈ㅣ라蓋개一
열番번篩ᄉᆞ水슈애鹹함味미未미盡진下하ㅣ니不
블可가ㅣ便변止지也야ㅣ니라
우대로버려ᄇᆞ고四ᄉᆞ更경ㅅ初초애모뎌滓ᄌᆡ
水슈로ᄲᅢ블에ᄭᅳᆯ혀희어곰뎝게ᄒᆞ야열구우에
ᄂᆞᆫ화시러더거든미처添텸ᄒᆞ라열키우믈이ᄒᆞᆫ
홈에흘러므ᄃᆞᆫ가마로ᄢᅧ가는그ᄆᆞ닥홈을기돌
러여ᄉᆞᆺ가마의퍼담아여ᄉᆞᆫ桶통人數수에넌
게ᄒᆞ고다시새믈로ᄲᅥᄯᅩ귀우마다부어來리日
일ᄲᅳᆯ바ᄅᆞᆯ홀ᄃᆡ니이 남온밧滓ᄌᆡ水슈ㅣ라ᄒᆞᆫ번

만믈을바ᄐᆞ면醬마시다ᄂᆞ리디몯ᄒᆞᆯ거시니며
가히믄득그치디몯ᄒᆞᆷ이니라

起긔火화ㅣ 블이ᄅᆞᄂᆞᆫ법이라

以이燒쇼木목一일法거로四把爲度分분燒쇼六뉵釜
부ᄒᆞ야煮자至지二이釜부ㅣ어든以이鍮유勺작오로形如
酒勺而底暫平掠냑取취錘슈下하ᄒᆞ야以이其기水슈鑄듀
粘졈ᄒᆞ야兩냥條됴點뎜滴뎍으로爲위度도止지火화
ᄒᆞ라若약過과煮자失실度도ㅣ면謂위之지老로水슈
ㅣ니即즉以이本본水슈一일斗두로沃옥添텸止지
火화ᄒᆞ라此ᄎᆞㅣ却각老로還환少쇼之지術술也야

리ㅣ不블然연則즉初초煉련時시눈에焇쇼雖슈得득
成셩而이所소倒도剩잉水슈ㅣ不블堪감作작초
본水슈외ㅣ至지於어再지煉련時시눈ᄒᆞ야鹽염多다
焇쇼少쇼而이藥약力녁이又우劣렬ᄒᆞ니此ᄎᆞㅣ
眞진着탁心심處쳐라ㅣ約약至지申신時시예揖읍
盛셩ᄒᆞ二이釜부ᄒᆞ야以이待ᄃᆡ澄딩清청ᄒᆞ라 六釜煮至二釜
則四釜次次就空連續載
水則後不斷而用柴省
燒쇼木목ᄒᆞᆫ조래로ᄡᅥ 네발로ᄒᆞᆫ조녀ᄎᆞᄉᆞ가마에 래롤ᄒᆞ라
ᄂᆞᆫ화ᄯᅡ허달혀두가마ㅣ되거든놋자로ᄀᆞ리ᄯᅥ드
리워그믈이거려두오리로빗드름으로버법을

삼아블을그치라만일에념오달혀법에그르면
늙은믈이라니ᄅᆞᄂᆞ니곧밋믈호말로ᄡᅥ부어添
텸ᄒᆞ고블을그치라이거시늙은믈리티고도
로졈게ᄒᆞᄂᆞᆫ術슐이라그리아니면初초煉련ᄒᆞᆯ
제ᄂᆞᆫ비록염쇼ㅣ될뎌라도ᄡᅩ든밧나믄믈이밋
믈에ᄡᅳ디몯ᄒᆞ고再지煉련홈애니ᄅᆞ러ᄂᆞᆫ소곰
이만ᄒᆞ며염쇼ㅣ젹고약힘이ᄯᅩ셰ᄎᆞ디아니ᄒᆞ
ᄂᆞ니이진짓ᄆᆞᄋᆞᆷ의담아ᄒᆞᆯ곧이라마치申신時
시ᄉᆞ만에펴두가마의부어ᄆᆞᆰ기를기ᄃᆞᄅᆞ라(여솟가마)
로셔달혀두가마될제면네나마ㅣᄎᆞᄎᆞ빌거시
내뷔ᄂᆞ니죡죡니은ᄃᆞ라믈을시ᄅᆞ면역ᄉᆞㅣᄎᆞ

디아니코모도덜쓰리라

初초煉련이라 渰엄煉련ᄒᆞᄂᆞᆫ법이라

將장澄딩清청之지水슈ᄒᆞ야於어四ᄉᆞ更경初초에分분載지煉련釜부ᄒᆞ야再지煮자ᄒᆞ고又우以이鍮유勺작으로取취而이垂슈之지則즉下하如여鍱뎝翅시狀상ᄒᆞᄂᆞ니乃내以이本본水슈六뉵桶통으로添텸載지二이釜부ᄒᆞ고再지用용火화煮자ᄒᆞ면浮부沫말이沸비起긔ᄒᆞᄂᆞ니掠냑而이去거之지ᄒᆞ고以이鍮유勺작取취少쇼許허ᄒᆞ야傾경倒도放방熱열則즉自ᄌᆞ邊변而이裏리即즉凝응而이堅견ᄒᆞᄂᆞ니無무水

슈氣긔然연後후에止지火화而이日일色식이淸
청明명則즉暫잠留뉴水슈氣긔ᄒᆞ고日일色식沉팀
陰음ᄒᆞ야若약有유雨우徵딩則즉水슈氣긔를不블
可가留뉴也야ㅣ라須슈於어止지火화之지際졔예
十십分분商샹量냥ᄒᆞ라且차用용鬆종勺쟉ᄒᆞ야形如鍮勺
而以馬尾隨便造用盡진去거釜부底뎌沉팀鹽염과水슈面
면浮부澌ᄉᆞᄒᆞ고稍쵸待ᄃᆡ放방熱열ᄒᆞ야分분盛셩各
각五오升승於어小쇼瓮옹器긔ᄒᆞ야經경宿슉待ᄃᆡ
朝됴ᄒᆞ야傾경倒도剩잉水슈ᄒᆞ라此ᄎᆞ水슈ㅣ即즉曰
왈本본水슈ㅣ라更깅以이新신水슈로用용勺쟉汲

옥洗셰小쇼瓮옹中듕焇쇼ᄒᆞ야刮괄聚취一일器긔

ᄒᆞ라每미日일初초煉련所소得득焰염焇쇼丨或혹

六뉵十십餘여斤근이며或혹五오十십八팔九구斤

근이너三삼日일初초煉련之지數슈丨摠총一일百

ᄇᆡᆨ八팔十십餘여斤근이라

도청ᄒᆞᆫ믈을가져다가四ᄉᆞ更경人初초에졍煉

련ᄉᆞ가마의논화시러다시달히고ᄯᅩ놋자로ᄲᅢ

ᄯᅧ드리오면ᄂᆞ려디기나비놀개ᄀᆞᆺᄂᆞ니이여맛

들여ᄉᆞ桶통으로ᄲᅢ두가마의添텸ᄒᆞ여짓고ᄯᅩ

블ᄒᆞ여달히면거품이실허니ᄂᆞ니글어업시ᄒᆞ

고놋자로조곰더ᄡᅩ다시기면ᄀᆞ브터어리여속
이곳ᄀᆞᆺᄂᆞ너믈더업슨後후에블을그치되날비
치淸청明명ᄒᆞ거든믈희ᄅᆞᆯ잠ᄭᅡᆫ잇게ᄒᆞ고날비
치沉팀陰음ᄒᆞ야만일비올가시브거든믈더ᄂᆞᆯ
잇게말더너모로미블그칠제구십分분혜아려
ᄒᆞ라또총자얼굴을놋자ᄀᆞ티호되바ᄃᆞᆼ올총으로ᄒᆞ라로ᄇᆡ가마ᄀᆞᆺ
티ᄀᆞ라안즌조곰파믈우희ᄲᅮᆫ성에ᄅᆞᆯ다업시ᄒᆞ
고잠ᄡᅡᆫ석기ᄅᆞᆯ기돌러각닷되셔자근딜그릇
세ᄂᆞᆫ화담아밤디내여아츰을기돌러남은믈란
거호로라이믈이곧날온밋믈이라다시새믈로

버자로달고릇세염쇼롤잇데이어글거ᄒᆞᆫ그릇
세모호라每ᄆᆡ日일에初초煉련어든밧염쇼ㅣ
或혹여숀나믄斤근도ᄒᆞ며或혹쉰엿아홉斤근
도ᄒᆞ니사ᄒᆞᆯ初초煉련ㅅ數슈ㅣ오로一일百ᄇᆡᆨ
여든나믄斤근이라

再ᄌᆡ煉련이라 두번煉련ᄒᆞᄂᆞᆫ법이라

以이新신汲급水슈一일桶통으로盛셩一일釜부ᄒᆞ고
將쟝初초煉련硝쇼ᄒᆞ야和화釜부內ᄂᆡ水슈中듕ᄒᆞ고
攪교白ᄇᆡᆨ起긔火화ᄒᆞ야湯탕一일沸비ᄒᆞ고即즉以이
溶용化화魚어膠교三삼兩냥으로投투釜부中듕ᄒᆞ라

膠교之지稠듀粘졈이善ᄂᆞᆫ引인纖셤濁탁而이凝
응聚취水슈面면ᄒᆞᄂᆞ니라又우一일二이沸비後후停
명火화ᄒᆞ야捲권去거浮부嘶ᄉᆞᄒᆞ고以이勺작掠냑取
취倒도垂슈ᄒᆞ면卽즉凝응如여簷쳠口구懸현氷빙
ᄒᆞᄂᆞ니以이此ᄎᆞ爲위度도止지火화ᄒᆞ고以이細셰綿
면布포로濾려去거滓지ᄒᆞ야收슈盛셩鍮유器긔從
죵絃현ᄒᆞ고卽즉以이厚후油유紙지로蓋개口구ᄒᆞ야
勿믈令령泄셜氣긔ᄒᆞ고移이時시後후開기ᄒᆞ라
새믈ᄒᆞᆫ桶통으로버ᄒᆞᆫ가마의담고初초煉련ᄒᆞᆫ
염쇼ᄅᆞᆯ가저다가가마안믈자온ᄃᆡ플고저어섯

고블을일러ᄒᆞᆫ소솜만쓸히고노긴부레플석兩
냥으로가마의드리티라플의건긔운이더러온
거슬잘리인ᄒᆞ야블우희얼의여모토ᄂᆞ니라ᄯᅩ
ᄒᆞᆫ두어소솜쓸힌後후에블을그쳐ᄠᅳᆫ성에롤거
더업시ᄒᆞ고자로ᄀᆞ리셔기우려드리오면즉재
얼의기쳠하ᄉᆞ곳얼음ᄀᆞᆺᄂᆞ니일로ᄡᅥ법을삼아
블을그치고ᄀᆞᄂᆞᆫ무명으로바타조의롤엽시ᄒᆞ
고거두워놋그릇에시욹ᄀᆞᄌᆞ론히담고즉제두
터온油유紙지로ᄡᅥ부리롤더퍼ᄒᆞ여곰김내디
말고ᄒᆞᆫᄣᅢ만디난後후에열라

三삼煉련이라 세번煉련ᄒᆞᄂᆞᆫ법이라

再재煉련之지時시예 如여未미臻진十십分분好호頭두ᄃᆞᆯ이 三삼煉련亦역可가ᄒᆞ니 其기法법이 一일如여再재煉련之지式식ᄒᆞ니라

再재煉련ᄒᆞᆯ제만일十십分분됴흔곧애니르디몯ᄒᆞ엿거든 三삼煉련홈이ᄯᅩ可가ᄒᆞ니 그法법이ᄒᆞᆫᄀᆞᆯᄀᆞ티 再재煉련ᄒᆞᄂᆞᆫ법ᄀᆞᄐᆞ니라

摠총式식이라 도모돈법이라

三삼日일初초煉련이 不불下하一일百ᄇᆡᆨ八팔十십斤근이니 正정煉련則즉九구十십五오斤근이니 初

초煉련이或혹至지一일百빅九구十십斤근이면正졍煉련이亦역至지一일百빅五오斤근이니總총計계三삼日일該히入입雜잡物믈則즉鹹한土토六뉵十십石셕이오海히紅홍灰회三삼十십桶통이오雜잡灰회三삼十십桶통이오燒쇼木목三삼十십去거而이一일朔삭則즉鹹함土토六뉵百빅石셕이오海히紅홍灰회八팔十십石셕이오雜잡灰회八팔十십石셕이오燒쇼木목三삼十십去거而이人인力력則즉匠쟝人인三삼名명과役역軍군七칠名명而이足죡矣의라一일朔사所소得득이準쥰過과千쳔斤근

이니十십朔삭則즉可가抵뎌萬만斤근矣의과此ᄎᆞ
其기大대略략이니該히用용器긔械계를并병錄록
于우左자ᄒᆞ노라若약其기物믈力력이不블數부則
즉一일坐자釜부와一일坐자槽조로도亦역可가煮
자取취니雖슈以이一일釜부爲위式식이라도十십朔
삭所소煮쟈ㅣ必필不블下하千쳔有유六뉵七칠
百빅斤근而이今금之지人인이不블知디此ᄎᆞ妙
묘ᄒᆞ고必필大대備비物믈力력而이後후에乃내可
가施시措조ㅣ라ᄒᆞᄂᆞ니玆조以이所소用용物믈力력
으로仍잉并병錄록之지ᄒᆞ노라

사ᄒᆞᆯ初초煉련이一일百ᄇᆡᆨ여든斤근에나려다
아니ᄒᆞ니正정煉련ᄒᆞ면아ᄒᆞᆫ닷斤근이오初초
煉련이或혹一일百ᄇᆡᆨ아ᄒᆞᆫ斤근에널으면正정
煉련이ᄯᅩᄒᆞᆫ一일百ᄇᆡᆨ닷斤근에널을셔나오로
사ᄒᆞᆯ에드ᄂᆞᆫ雜잡物물을헤아리면醎함土토ㅣ
여슌셤이오海ᄒᆡ紅홍人지셜ᄒᆞᆫ桶통이오雜잡
지셜ᄒᆞᆫ桶통이오燒쇼木목이세조래너ᄒᆞᆫ돌이
면醎함土토ㅣ六뉵百ᄇᆡᆨ셤이오海ᄒᆡ紅홍人지
여든셤이오雜잡지여든셤이오燒쇼木목이셜
ᄒᆞᆫ조래오人인力력은匠징人인세名명과役역

軍군날곱名명으로足족ᄒᆞᆯ셔라ᄒᆞᆫ되어엇ᄂᆞᆫ배
수천斤근에넘을셕니열셜이면可가ᄒᆞ萬만斤
근에다ᄃᆞᄅᆞ리라이거시그대강이니잡은ᄇᆞᆯ몸
긔械계로다아래다가버리노라만일에그物믈力
력이하디이니ᄒᆞ면ᄒᆞᆫ가마와ᄒᆞᆫ귀우로도쇼ᄒᆞᆫ
可가히고을셰시니비록ᄒᆞᆫ가마로벼혀알일셔
라도열셜을달히면반ᄃᆞ시一일수쳔곳휴ᄂᆞᆫ철
百빅斤근에ᄂᆞ리더안일셔시어늘이젓사ᄅᆞᆷ이
이묘라를아더몰ᄒᆞ고반ᄃᆞ시크게物믈力력을
ᄀᆞ춘後후에이에可가히베퍼ᄒᆞ리라ᄒᆞᄂᆞ니이

러모로 쁠밧物믈 力력으로 ᄡᅥ 인ᄒᆞ야 다 ᄀᆞ록ᄒᆞ노라

備비物믈이라 쁠것됨작만흠이리

木목槽조十십坐자 形制已見上○나모귀유 열히니 얼굴이 젼의 뵈다

釜부六뉵坐자 盛正水者各容十桶○정슈 담을 가마니 긱 열 통 드ᄂᆞ니라

又우二이坐자 正煉者○ᄯᅩ 둘ᄒᆞᆫ 정련ᄒᆞᆯ 가매라

又우二이坐자 澄淸者商盆亦可○ᄯᅩ 둘흔 도칭ᄒᆞᆯ 가매니 ᄃᆞᆯ돔기 ᄯᅩᄒᆞᆫ 됴ᄒᆞ니라

大대釜부一일坐자 埋地承水者愈大愈好○ᄯᅩ 큰 가매 ᄒᆞᆫ나히니 ᄯᅡ희 무더 믈 바돌 거시니 크도록 더옥 됴ᄒᆞ니라

木목桶통五오坐자 各容四桶○나모통이 다ᄉᆞᆺ시니 각 너말 드리라

擔담桶통三삼坐자 各容八斗○멜통이새히ㅣ각여듧말드리라

筧현兒ᄋᆞ一일條됴 承水引注埋瓮者俗名홈筧二截三相聯亦可○홈이ᄒᆞᆫ나히니물바다우든가마로흘리ᄂᆞᆫ기시라혹둘세나서로니어도됴ᄒᆞ니라

曲곡鍤삽五오把파 形如刷馬鐵而無齒稍大削取鹹土者○곱뎡삽이다ᄉᆞᆺ시니얼굴이몰빗기ᄂᆞᆫ쇠글게ᄀᆞᄐᆞ되니업고잠깐크니흙긁는거시라

版판鍤삽一일把파 나모가래ᄒᆞᆫ나히라

三삼夫부版판鍤삽二이把파 서놈가래둘

鐵텰鍤삽三삼把파 삽세

鍮유勺쟉二이柄병 形制已見前○놋쟈ᄅᆞ둘히니얼굴이젼의뵈다

鬃종勺쟉二이柄병 形制已見前○총쟈ᄅᆞ둘히니얼굴이젼의뵈다

鍮유所소羅라十십坐좌 교煉者○눈호라열 하니평련담을ᄒᆞ여시라
甕옹器긔五오十십坐자 合客一ㅋ盛初煉者○ᄀᆞ 호말드리니초련담을거
시라
細셔綿면布포巾건 連二福長一尺五寸纑교煉者 ○ᄆᆞᄂᆞ무명슈건이두폭니이 기락ᄒᆞᆫ자다ᄉᆞᆺ치니 평련바틀거시라
六뉵簾렴十십張댱 編竹爲簾安擋內者○대르잇 근발이열히니귀우안회설거
시라
鬃종篩ᄉᆞ二이部부 去淶者○총쳬물히 니거품거들거시라
瓢표子ᄌᆞ十십箇개 박열
新신傳뎐煮자取취焰염焇쇼方방終죵

合大小火砲之制爲諺解一卷五十條先是
府院君李公 曙所纂輯也蓋自
宗朝設軍器寺製造戎器又置別破陣三百
八十專習砲藝大則一殪千人小則妙穿重
甲皆古人運思創智極其機巧識制敵之神
用也中經昏亂 國綱大壞陰雨之備日益
踈缺武庫只存虛簿別破陣逃散略盡識者
之寒心久矣 聖上龍興庶政咸新李公
以元勳重望總理戎務兼管訓局武庫慨然
曰 國家雖安忘戰必危况與敵對壘而其

敢晏然已乎於是選兵鍊藝築城儲糧凡所
以為 國備患者靡不竭心力而為之又以
戎器之缺少為憂勉率脩屬敦責匠役日事
時功并并有條刀鎗弓矢甲冑之屬盈溢庫
中而尤加意於火咒設冶鑄成咸致其精巧
別破陣漸增其數幾復舊額本 國人不解
煮焇常就貿於 中國比年
皇朝禁令甚嚴往者動輒失利 朝廷憂之季
公購得新方命工試煮應手成焇自此銃藥
俱贍矣於是取火砲諸式譯以方音以便學

習又取煑焇方附諸卷尾以傳布中外而屬鳴吉爲跋文鳴吉復於李公曰能殲敵者器也能用器者人也器固不可闕而人爲之本得人和而後民可使器可用玆非吾兩人之所當勉者乎李公曰善遂書以識之

奮忠贊謨立紀明倫靖社功臣崇祿大夫行戶曹判書兼知經筵事同知春秋館事世子左副賓客完城君崔鳴吉跋

崇禎八年八月 日刊

新傳煮硝方

取土

路上或墻根前晝曝陽夜潮氣色黑味醎者最佳或凉或苦或甜或酸者次之惟鹹者生濕故不好

視其地而嘗其味則白者味淡而黑者味厚以曲鍤薄薄刮取其黑紋而不務深深則生土雜而味薄也刮取之後人踏陽曝又過數日則氣與味湧上紋自生矣依前

取用可以無盡而若遇雨水則待過十數日陽曝而後又可取用也不見雨者味常厚前式之專用屋裏土者爲其辨之甚易故也

ᄒᆞ리모홈이라

길우ᄒᆡ나ᄒᆞᆨ담밋ᄒᆡ나나죄볏ᄧᅬ고밤의그운이소사빗치검고맛이ᄆᆡ오ᄂᆞ리ᄀᆞ장아ᄅᆞᆷ답고ᄒᆞᆨ서ᄂᆞᆯ커나ᄒᆞᆨᄡᅳ거나ᄒᆞᆨᄃᆞᆯ거나ᄒᆞᆨ싄ᄒᆞ리이지ᄎᆞ요오직ᄧᅳᆫᄒᆞ리은나죵의습긔나매도티아니ᄒᆞ니라

ᄯᅡ빗츨보아ᄒᆞᆰ을맛보면흰ᄃᆡᄂᆞᆫ맛이습
겁고검은ᄃᆡᄂᆞᆫ맛이두텁ᄂᆞ니곱은ᄉᆞᆲ흐
로그검은거ᄉᆞᆯ엷게길고깁히말며니깁
히ᄒᆞ면싱ᄒᆞᆰ이섯거맛이엷ᄂᆞ니라길어
ᄡᅳᆫ후의사ᄅᆞᆷ도ᄇᆞᆲ으며벗도ᄡᅬ야ᄯᅩ두어
날이디나면괴운과맛이소사올라검은
빗치스스로나ᄂᆞ니젼ᄃᆡ로길어ᄡᅳ면가
히진티아니ᄒᆞ려니와만일비ᄅᆞᆷ맛나면
열바믄날이나익ᄀᆞᆺ벗츨ᄡᅬ아다번후의

아ᄯᅩ가히긁어ᄇᆞ리니라비롤맛디아니ᄒᆞᄂᆞᆫ디면맛이톄ᄉᆞ두터오너전법의집안히ᄒᆞᆰ을전쥬ᄒᆞ여ᄇᆞᆷ은그알어버기쉬옴이러라

取灰

蓬蒿灰俗名多福穀稭灰禾黍稷粟之藁豆箕糖幹之類最佳雜草雜木灰次之松灰不用爇水必用可灰之柴則灰自其中出此一物而兩得也

지밧음이라

다복지와곡식대지벼기장피조담히며공ᄑᆞᆺ각대슈슈대뉴ㅣ라

ᄆᆞ장아름답고픗나모지지ᄎᆞ요소나모ᄌᆡ
ᄂᆞᆫᄡᅳ디못ᄒᆞᄂᆞ니라
믈닫히기를반ᄃᆞ시지내여ᄡᅳᆫ남그로ᄒᆞᆯ
띠니이ᄂᆞᆫᄒᆞᆫ가지게ᄉᆞ로두벌어듬이니
라

交合

土四斗灰四斗句句和拌拈出沙石土若黄
粘加灰半斗土若雜沙減灰半斗
此以唐斗言一斗容本國二斗半四斗乃

本國十斗也灰與土參半使之相濟然後所得多而其品猛故累試己驗不可輕易加減也

교합ᄒᆞᆷ이라

ᄒᆞᆰ너말과지너말을고로로뒤져겨섯거잡ᄒᆞᆫ돌덩이ᄅᆞᆯ주어내되ᄒᆞᆰ이만일누로고ᄎᆞᆫ지거든지반말을더ᄒᆞ고ᄒᆞᆰ이만일모래석겻거든지반말을덜라

이ᄂᆞᆫ당말로ᄡᅥ븐음이니그ᄒᆞᆫ말의본국

두ᄆᆞᆯ가옷이드니너ᄆᆞᆯ이본구열ᄆᆞᆯ이니
라지와ᄒᆞᆰ을바로반삭ᄒᆞ야서ᄅᆞ져케ᄒᆞᆫ
후의야엇ᄂᆞᆫ배만코그품이명뎡ᄒᆞ니
여러번시험ᄒᆞ야임의나타나시니가히
경이히더ᄒᆞ며더디못ᄒᆞᆯ꺼시니라

篩水

用一大甕傍底穿一小穴作流道以竹爲筧下置陶盆以承其水而甕內先撑井字木次鋪兩番蔔稭簾即糖稌也如無糖稌則雜木作簾亦可盛拌土

一半於其上漫慢打築甕內四邊而當中則
否恐水不滲漏也又盛一半亦依前打築而後着上
淨水長流水或井水而湯用則尤佳待其滲盡再着水如是
者累得水盈兩鍋而止
前排木槽用之便好而若值倉卒則不如
陶甕之易辦也鍋容四桶水先受一鍋爲
正水次受一鍋爲末水明日之役用末水
篩土則味益厚矣且自篩水以至再煉三
煉不可用濁水爲其生角生鹽而硝之氣

力亦短故也角者狀如碎石膏或四稜或五六稜而燒之則跳躍不焚

鹽者或如海鹽而性麄味惡譬若粟之有秕者也

믈밧틈이라

큰독ᄒᆞ나흘밋다히로ᄇᆞᆯ희곰글고ᄃᆡ로흠을민들아박아믈흐를길흘ᄒᆞ고그릇슬흠삿히노하그믈을밧게ᄒᆞ고독안히우믈졍조로삼글벗퇴온후의우희며발두벌글엇셜고버므린ᄒᆞᆰ을반만시러넌즛즉을둘러다으되가온ᄃᆡ는말고믈이시야나디아닐까흠

이라ᄯᅩ남은반을ᄆᆞᄀᆞ 담아건처로다은후의
조흔믈을당뉴슈혹우믈믈이로ᄃᆡ더여ᄡᅳ면더옥됴ᄒᆞ니라독시울
ᄶᆞ지부어믈이다ᄉᆞᆷ읏거든뎐ᄒᆞ여블을두
어두가마의ᄎᆞ게밧고긋차라
젼비목조ㅣᄡᅳ기편코죠ᄒᆞ되만일창졸
에ᄒᆞ려ᄒᆞ면절독만치수이엇디못ᄒᆞ리
라가마ᄂᆞᆫᄒᆞ나히믈비통식드니몬져밧
은ᄒᆞᆫ가마ㅣ졍믈이되고지ᄎᆞ밧은ᄒᆞᆫ가
마ㅣ만믈이되ᄂᆞ니이스튼날역ᄉᆞ의만믈

로ᄡᅢ흙을밧트면맛이더옥두텁ᄂᆞ니라
ᄯᅩ믈밧기로부터ᄶᅧ렴삼ᄉᆞ지나그ᄒᆞ
가히ᄒᆞ린믈을ᄡᅳ지아니흘끼시니그과
ᄌᆡ나며소곰이나고몸쵸긔력이ᄯᅩᄒᆞᆫ
뎌름을위ᄒᆞᆷ이니라 가ᄌᆡ란거ᄉᆞᆫᄇᆞ아 던셕고ᄌᆞᆺᄒᆞ여혹네
모나며혹다엿모나되블의녀ᄒᆞ면톡톡 ᄣᅧ고븟디아니ᄒᆞ며소곰이란거ᄉᆞᆫ혹바
다소곰ᄌᆞᆺᄒᆞ되발이굵고맛이사오나오 니비권며곡식의기음쳐로해로온거시
니라

熬水

將正水一鍋必以蓬蒿穀稭或雜柴緊燒火大沸一會徐以慢火（即文武火）熬至半鍋移盛他器穢滓盡沉然後刷洗本鍋而倒其他器澄清者於鍋中再滾一二會試取一椀照寒水待其儘冷倒其剩水看硝成不成若未儘好則更煎一霎依前照冷必須好成然後即止火差待熱息分盛瓦盆置之靜處經宿而倒水則狀如蝟毛此謂毛硝也（水味極醎然後煎至半乃成而水味或淡則雖煎之過半未可必成也然而止火之際必須著力審看若煎之過而水老

則硝不得成須以剩水一椀添沃牟沸

此只以一鍋之役言之也大抵土灰並二十斗取水四桶用柴二同得毛硝六七斤若用二百斗土灰四十桶水二十同柴則得硝六七十斤前式則以土二百四十斗取水八十八桶用吐木幾一法而得硝二十餘斤一法吐木比之二十同柴其價已倍而得硝又不能三分之一至於硝品精劣不可同年而語也夫硝者生於土而灰

又發其精制其穢以振其烈者也五味皆取獨不及鹹者爲其可於鹽不利於硝也而前式則唯鹹之爲貴得硝之少以此也以灰半之爲其互相生濟也而前式則獨土之是用硝品之劣又以此也以柴火文武燒而前以吐木猛沸無節且十斗之水不過二桶而前受四桶之多水既多而味益薄矣譬之炊爨稠者易熟稀者費火理勢則然宜乎其用力多而得硝少也

己未九月念五日入

믈달힘이라

져믈ᄒᆞᆫ가마로다가지버어블남그로고흥
블을싯어ᄒᆞᆫ지우미이설힌후의져기누겨
만화로 블이너모쏫도아니코너 모ᄯᅳ아니케띳옴이라 고아반가
마ㅣ되거든다로그릇시옴겨안초면더러
온지가다처디교믈이ᄆᆞᆰ아디나븍구마
돌흘싯고그ᄆᆞᆰᄒᆞᆫ믈을졍ᄒᆞᆫ돌와다ᄉᆞ무어
지우ㅣ달힌후의시험ᄒᆞ여ᄒᆞᆫ그릇ᄉᆞ죠곰셕
ᄎᆞᆫ믈의치와염쵸발이셔며아니솝을보아

만알익긋됴티아니커든다시ᄒᆞᆫ소솜만달
혀ᄯᅩ치와보아반ᄃᆞ시잘된후의블을긋치
고잠깐더온김이식거든ᄌᆞᆫ옹그에ᄂᆞ화ᄇᆡ
안졍ᄒᆞᆫ곳에노화밤잔후의웃믈을ᄯᅳᆷ오면
형상이고솜돗희털ᄀᆞᆺᄂᆞ니이거시블온모
쵸ᅵ니라 믈맛이극히믜온후의야반만달 혀되거니와믈맛이만일승거오
면비록반이디나도되기를텽티못ᄒᆞᄂᆞ니 라그러ᄒᆞ나블긋칠즈음에반ᄃᆞ시착심ᄒᆞ
야솔필때니디ᄂᆡ달혀믈이늙어도되디못 ᄒᆞᄂᆞ니모로미잉슈ᄒᆞᆫ사발을부어누이고
잠싼달 히라

이거손다만ᄒᆞᆫ가마만고오나며사를
옴이라마저ᄒᆞᆰ파ᄌᆞ아오로스미말를
비통을밧고풋나모두통을드라모초며
닐곱근을어드니만일ᄒᆞᆰ과ᄌᆞᄒᆞᆫ이말
파믈마은통에스미동남글셩으뎜몸초
뉵칠십근을엿거놀젼범은이ᄆᆞ마을
ᄒᆞᆰ으로믈여든여듧통을밧아토목구우
ᄒᆞᆫᄌᆞ라를뎟어서몸초스미나믄근을아
드니ᄒᆞᆫᄌᆞ라토목이스미동남구브곧

갑시임의ᄡᅥᄒᆞ고엇ᄂᆞᆫ염쵸ㅣ또삽부지
일이못되고품의졍ᄒᆞ며블ᄒᆞ기이블으
러도또가ᄒᆞᄒᆞᆫᄒᆞ여블ᄋᆞ디못ᄒᆞ리라인
간염쵸ㅣ란거시ᄒᆞᆯ으로나도ᄌᆞ또졍의
롬뎨플고그더러온거슬졔어ᄒᆞ며배고
밍ᄃᆞᆯ지롬뼐티ᄂᆞᆫ거시라온갓맛잇ᄂᆞᆫᄒᆞᆯ
을다ᄡᅳ되ᄒᆞᆯ로ᄡᅧᆫ거ᄉᆞᆫ구티아니ᄒᆞᆷ은그
소곰의가ᄒᆞ고염쵸의나티아니ᄒᆞᆷ을우
흠이어날젼법은오직ᄡᅧᆫᄒᆞᆯ만구ᄒᆞ고기

니엄쵸물젹게어듬이일로써요찌로써

반시섯금은그서로아쌰라범을위음

이어늘젼법은눌을로훨만쎠니엄쵸픔이

녈홈이쏘일로써요뜻나미블로써만화

로달히거늘젼의눈토목으로써밍히쓸

히기롤졀太업시쏘녈말의쌋눈들

이두통의지나디아니커늘젼의눈버통

도록만히밧으니믈이임의만히머밋이

더옥열온다라비건마밤을지이머되면

니기쉽고륙으민남근ᄇᆞᄒᆞ나ᄂᆞ나숩
곳그러ᄒᆞ니젼법의공믹만만ᄒᆞ들고몸
쵸ᄂᆞᆫ젹게어들씨맛당ᄒᆞ도다

再煉

將毛硝放在鍋內鋪平着上淨水硝上水高
限以二指暫滾一會待硝盡化點膠水少許
而又滾一會則醎而生濕之氣纖而害烈之
物皆上浮作泡用箒勺撈其泡子再着膠水
而又沸盡撈其泡如是三四次而後取一勺

傾倒則垂凝如蝶翅牙尖然後盡盛磁盆噴一二口冷水欲其不作粥被以厚襦褓封其盆口用細繩縛之放在陰凉屋裡不使風陽照觸待儘冷解其封去其剩水則狀如雪氷玉又其色光瑩可愛此謂精硝也不待垂凝如牙徑先止火則氣力短劣又或過滾不止則爲鹽爲角變在瞬息最宜詳審

前式再煉之水甚濁只取其淸其下滓穢盡棄不用故毛硝若百斤則僅得煉硝三十餘斤此則煉水澄淸傾鍋而用故硝至

七八十斤而其品光瑩其性剛猛積置地窖十年經霪絕無傷濕之患皆灰與膠之功也

지련ᄒᆞᆷ이라

모쥬ᄅᆞᆯ가져가마안ᄒᆡ담아평ᄒᆞ고ᄅᆞᆫ후의조ᄒᆞᆫ믈을부으되염쥬우희믈을두ᄉᆞᆫ가락누인놉희만치ᄒᆞ고잠간ᄒᆞ지우ᄉᆞᆯ허염쥬ㅣ다녹거든아교믈을조곰식이교ᄯᅩᄒᆞ소솜을히면ᄲᅡ셔축음을내ᄂᆞ긔운과더러

워망날기롤해ᄒᆞᄂᆞᆫ티가다소사올라거품
이되ᄂᆞ니총자로뻐그거품을닌디고다시
아교를을덕이며ᄯᅩ슬허그거품을다더
되이리ᄒᆞ야기롤서너번ᄒᆞᆫ후의놋자로셔셔
기우리면드리워열위기롤나비논개와샹
아첨조ᄀᆺ나니그런ᄒᆞᆫ후의가마롤굴어파
셔사픈조의담고두어먹음ᄂᆞᆼ슈롤뿜고 즉그
에너블쳐로되더 아니케홈이라 듯텨온핫보ᄒᆞ로써그픈
조부리롤보ᄒᆞ고ᄀᆞᄂᆞᆫ노ᄒᆞ로ᄆᆡ야그늘지

고서늘ᄒᆞᆫ집의두어ᄇᆞ람과빗츨보지아니
켜ᄒᆞ야악곳ᄎᆞ기룰기ᄃᆞ려그ᄡᅡᆫ거슬풀고
잉슈롤돌오면형샹이곳어름과옥편혀ᄀᆞᆺ
ᄒᆞ여그빗치빗나고조하가히어엿브ᄂᆞ니
이거시날온졍쵸ㅣ니라 드리위얼위미아 쳡ᄌᆞ기롤기ᄃᆞ리
디아니ᄒᆞ고즐러몬저블을곳치면염쵸ㅣ 력이텨ᄅᆞ며털ᄒᆞ고ᄯᅩ혹너모ᄉᆞᆯ혀곳치디
아니ᄒᆞ면소곰되며각조되기변ᄒᆞᆷ이슌식 간의잇ᄂᆞ니ᄀᆞ장맛당히ᄌᆞ시ᄉᆞᆯ필디니라
젼법은ᄌᆡ련ᄒᆞᆫ믈이심히흐리매안초와
그ᄆᆞᆰ은거슬즐러퍼ᄡᅳ고밋ᄒᆡ처디ᄂᆞᆫᄌᆡ

ᄂᆞᆫ다ᄇᆞ리ᄂᆞᆫ고로모쵸ㅣ만일ᄇᆡᆨ근이면
켜우련쵸셜ᄒᆞᆫ나믄근을엇더니이ᄂᆞᆫ련
ᄒᆞᆫ믈이ᄆᆞᆰ아ᄉᆞ마가마ᄅᆞᆷᄒᆞᆯ티ᄧᅳᄂᆞᆫ고로
련쵸ㅣᄂᆞᆯ어든근에ᄂᆞᆯ으고그품이ᄑᆞᆺ나
고조ᄒᆞ며그셩이강ᄒᆞ고모지러움속의
두어십년댱마ᄅᆞᆯ격거도샹ᄒᆞ야추ᄂᆞᆫᄒᆞᆫ
은긋처업스니이거시다ᄌᆞ와아교의공
이니라

三煉

再煉後如未臻十分好頭則三煉亦可其法
一如再煉而再煉精則不必三煉

初熬及再煉三煉所倒剩水一點不棄以
補後用可也初設之日則以無此水故所
得必少一自翌日初熬洗鍋倒清之際以
此水約三分之一乗添而煎之使之主客
相助則所得漸滋而功力且省

삼련ᄒᆞᆷ이라

지련ᄒᆞᆫ후의만일ᄀᆞ장됴ᄒᆞᆫ품에이ᄅᆞ디못

ᄒᆞ거든세번련옴이ᄯᅩᄒᆞ오가ᄒᆞ니그법을지
련ᄒᆞ더시ᄒᆞ려니와지련이졍ᄒᆞ면그소ᄒᆞ여
삼련티아니ᄒᆞᆯ셰시니라

처음달히며맛ᄌᆞ련과삼련의몸온잉슈
ᄅᆞᆯᄒᆞ오ᄃᆞᆷ도부리디말아뼈훗슌의보태여
ᄲᆞᆷ이가ᄒᆞ나처음베픈날온이믈이엽슨
고로엇ᄉᆞᆫ배반ᄃᆞ시젹ᄂᆞ니이튼날브터
란처음달혀내여안초와ᄆᆞᆨᄒᆞ고본가마
시서곳터ᄃᆞᆯ힐즈음에이믈을삼분지일

만짐작ᄒᆞ여벼서달혀ᄒᆞ여곰쥬석이서
르돕게ᄒᆞ면엇ᄂᆞᆫ배졈졈븟고공력이ᄯᅩ
덜리ᄂᆞ니라

제草

七月望後至霜降前則百卉俱肥任灰必辣
而又是農隙故取之甚便也
穀稭未易多得蓬蒿及其他軟棘強草任
意刈取可也所謂熬水必用雜柴云者非
但爲灰也文武火候唯柴易調故也松之

不合於煮硝旣如是則草與斫松其勞逸
難易又相懸絶而不知此妙以爲必須吐
木然後乃可施措郡縣無松處則不得生
意眞可歎也

나모뵈미라

칠월보롬우로서리아니온젼ᄭᆞ지ᄂᆞᆫ온갓
풀이다슬ᄯᅢ매지민드라반ᄃᆞ시맙고ᄯᅩ이
ᄇᆡ노구인고로취홈이심히편ᄒᆞ니라
곡식머ᄂᆞᆫ만히엇기쉽ᄃᆞ이나ᄒᆞ나다록

파맛그남은연ᄒᆞᆫ나모선골을입의모픠
여ᄡᆞᆷ이가ᄒᆞ나라ᄇᆞᆷ은ᄡᆞᆺ믈맏ᄒᆞ기모판
두시풋남그로ᄒᆞ라홈은ᄒᆞᆫ갓ᄌᆞ나며ᄡᅵ
기만위ᄒᆞᆯᄲᅮᆫ이아니라만하로ᄯᆞ기를오
직풋남기야ᄒᆞ기쉬온면과나소남기엽
쵸굼기의맛ᄌᆞ디아니홈이이믜이러ᄃᆞᆺ
ᄒᆞ고풀븨며솔버히기그잇브며편키와
어려오며쉬오미ᄯᅩ서로니도ᄒᆞ기놈이
련묘ᄒᆞᆫ줄을아디못ᄒᆞ고ᄲᅥ호ᄃᆞ편ᄃᆞ시

토목으로야가히ᄒᆞ리라ᄒᆞ야군현이솔
업손곳이면시러곰싱의믈못ᄒᆞ니진실
로가히탄ᄒᆞ리로다

膠水

阿膠三錢淨水一升同煎以化爲度用於再
煉而若膠重水粘則硝色黃濁不好
古賦曰阿膠不能止黃河之濁又曰大河
之混恃寸膠不能以止殊不知其意義今
以此驗之蓋膠是激濁揚淸之物也煉時

點膠則汚穢者上浮作泡點之多而水益清澈此自肰之妙也夫硝最厭穢濁故始終不得用一勺混水初熬必須掠去浮沫再煉又點膠水盡撈其穢肰後硝乃明好肰而點膠又不可過多爲其滓盡去而精反消弱也

아교믈이라

아교서돈과조ᄒᆞᆫ믈ᄒᆞᆫ되ᄅᆞᆯᄒᆞᆫ가지로달혀다녹기로ᄡᅥ도ᄅᆞᆯ삼아지련의ᄡᅳ되만일아

교ㅣ짓터믈이즐디면염쇼빗치누로고흐
리여됴티아니ᄒᆞ니라
볏글에블러쇼듸아교ㅣ라도능히향하
의탁ᄒᆞᆫ거슨굿치디못ᄒᆞᆫ다ᄒᆞ여시면쇼
블오ᄃᆡ대하의흐린거슨ᄒᆞᆫᄆᆞᄃᆡ아교ᄅᆞᆯ
밋어능히ᄡᅥ굿치디못ᄒᆞᆫ다ᄒᆞ니ᄌᆞ못그
ᄠᅳᆺ을아디못ᄒᆞ더니이저일로ᄡᅧ험ᄒᆞ니
대개아교ᄂᆞᆫ이흐린거슬ᄌᆞ아ᄆᆞᆰ기ᄅᆞᆯ븟
내ᄂᆞᆫ거시라련ᄒᆞᆯ배예교슈ᄅᆞᆯᄃᆡ이면더

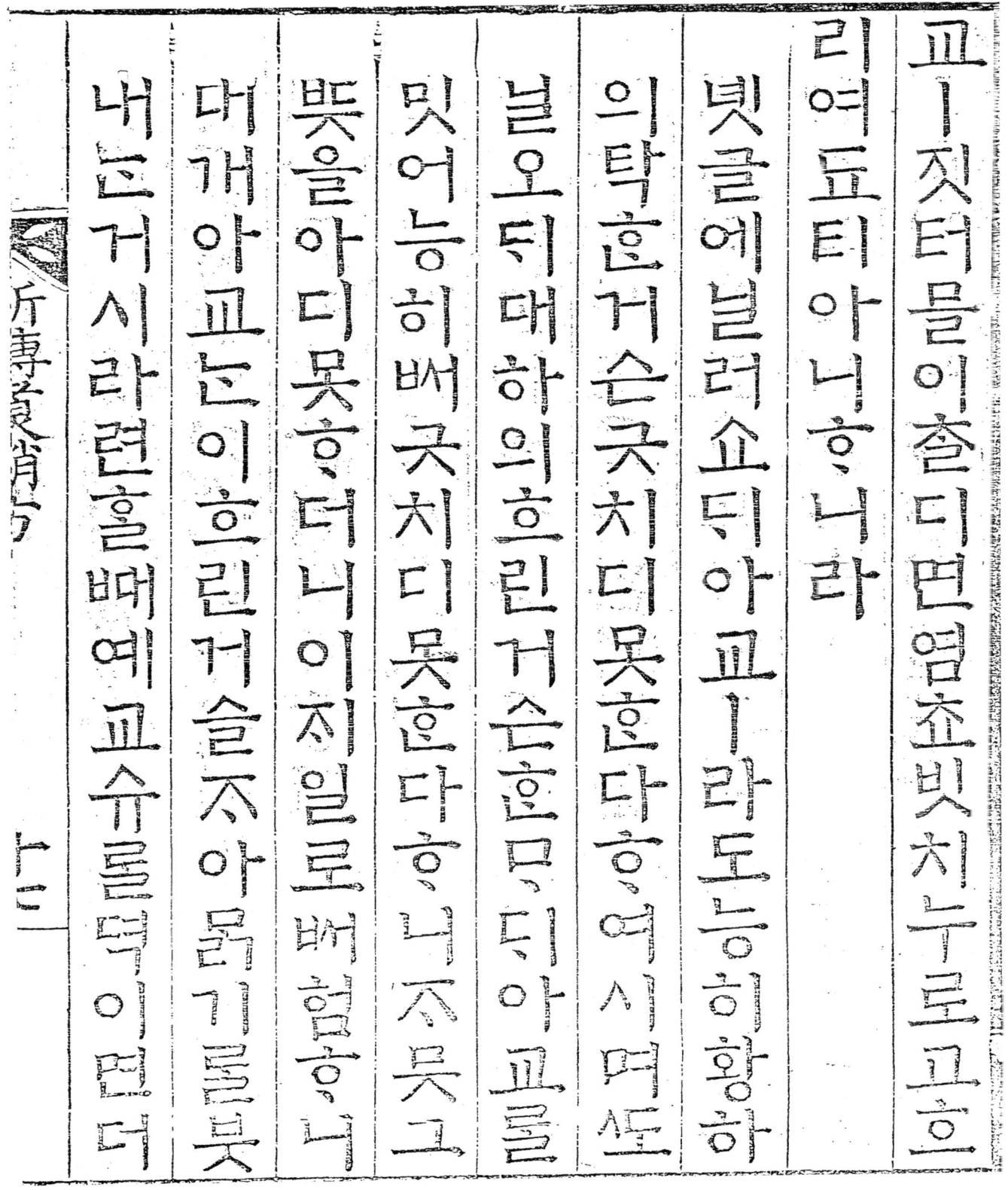

러온거시소사올라거품이되야졈졈멱
이도록믈이더옥ᄆᆞᆰᄂᆞ니이ᄂᆞᆫᄌᆞ연ᄒᆞᆫ됴
리라염쵸ㅣ란거시ᄆᆞ장더러온거슬
희여ᄒᆞᄂᆞᆫ고로처음브터나죵ᄭᆞ지시러
곰ᄒᆞᆫ자흐린믈을ᄡᅳ디못ᄒᆞ고처음달힐
ᄌᆡ반ᄃᆞ시모로미ᄯᅳᆫ거품을건져ᄇᆞ리며
ᄌᆡ련의ᄯᅩ교슈ᄅᆞᆯ덕여그더러온거슬다
건진후의야염쵸ㅣ이에ᄆᆞᆰ고됴커니와
그러나 교슈덕이기ᄅᆞᆯᄯᅩ가히너모만히

못흘꺼시니그지가다업스매정긔도로
허습어져약흠을위ᄒᆞ야니라

合製

精硝一斤柳灰三兩硫黃一兩四錢而六七
月則加黃一錢

右爲細末篩下各稱同盛一器入些滴米
水之清者拌調甚勻另加碓搗始於天明
到晚方止越搗越好碓搗時必有潮氣乃
好若無潮氣灑些那水頻頻翻過無令乾

燥也

화약합제라

졍쵸ᄒᆞᆫ근에뉴회셔 ㅇ과뉴항ᄒᆞᆫ냥너돈을
호ᄃᆡ뉵칠월이어든 ㄲ항ᄒᆞᆫ돈을더ᄒᆞ라
우를작말ᄒᆞ야ᄀᆞᄂᆞᆯ게처각각분수대로
돌아ᄒᆞᆫ그릇시담고쓸시슨ᄆᆞᆰ은ᄯᅳ믈로
반됴글심이고로게ᄒᆞ야띠거를믜이ᄒᆞ
되ᄌᆞᄇᆞᆰ으며시작ᄒᆞ야나죄긋치ᄂᆞ니더
옥띠토록더옥됴흐니라띠흘적의축은

긔운이이셔야됴ᄒᆞ니만일따히추은긔
운이업거든믈을져기뿌리며ᄌᆞ로걱겨
뒤여ᄒᆞ여곰ᄆᆞᄅᆞ디아니케ᄒᆞ라

得硝法始末

我國初不解煮硝之術就貿於中國而
常患不繼崇禎年間關西人成根者得
之流漢試煮於武庫而刋布其方完豐
李府院纂輯完城崔相國跋尾者是也
後有韓世龍者學於倭人比諸成根用

力少而所獲多遂棄根而用世龍之法
傳之至今然其品不甚精煉故
國家嘗慨然於斯云逮至壬申判書閔公
就道以節使副价赴燕指南以譯隨行
閔公路謂指南曰煮硝一方自
祖宗朝欲得其妙而終不能致之爾若求得
幸莫大也指南於是購求其方靡不用
極而無處可覓歸抵遼陽潛叩村舍得
一人焉遺之金而問之始得其術而一

夜忽卒未能盡傳閔公歸奏

筵席別遣指南於癸酉歲使之行使盡其詳

而彼中令嚴法重故人亦畏而秘之前

後訪問之際幾死者數矣然而盡心得

間反覆質正一再往來盡傳其法歸而

試於私隨手即成眞妙方也將欲用之

於公以廣其傳而閔公北遷其事遂寢

抱玉而不敢自衒或恐泯没無傳終使

我

國家不得有殪賊之神用時則相國南公九萬提調武庫事聞而善之召使任之兩歲之間成效顯著今自武庫以至內而諸軍門外而兵水營山之郡野之邑此法無處不可用則其利之博可勝道哉不但如是也前日所藏之藥天陰則濕遇霪則消必費添新再擣之力然後始爲用矣今玆新煉之硝性燥力猛雖置之地窖而十年經霖絕無潤濕之患

此其可尚者也而況當此生鹽益繁山
木盡童之時代以一年之草一利也取
土於通衢大道之上更不侵及人家二
利也薪柴而用其灰又省土之三分之
一三利也及夫行軍臨敵之際一年之
草路上之土隨卽取用可以不多日成
硝是尤便益於戎事者也累百年購募
未得之方至今日而大行爲後世無窮
之利雖使此身卒然塡溝壑其無憾矣

戊寅五月 日通訓大夫前司譯院正

金指南記

戊寅四月二十五日大臣備局堂上

引見入侍時領中樞府事南九萬所

啓我國焰硝煮取之法殊甚麁疎自前每

欲學得中原及倭國至有懸以重賞之

令而不但他國之人秘而不傳我人亦

無誠心必欲學得者以至于今矣前司

譯院正金指南頃於入往北京時多費

私貨傳得其法云故臣於上上年冬令
指南監煮軍器寺焰硝則煮硝時用灰
用膠乃是新法燒木取用一年雜草亦
甚便易故功役頗省而得硝幾倍且硝
品之精好亦勝於前而指南以爲渠之
所學猶有未盡其法者請更試一年矣
上年
朝家以裁省不給軍器寺煮硝之價適有
本寺上年

啓下所得東道枯松木用餘一百運乃以
其枯松貿得錢文數百兩給付指南則
以其錢文料理拮据依常年數煮取一
千斤以納又還納其餘錢其費用之减
省可知硝品又益勝於上年且今山林
濯濯吐木益貴諸軍門煮硝漸難至於
外方野邑無吐木處則雖欲煮硝亦不
得爲之矣今此指南新學之法不用吐
木而得硝既精且多可以傳習爲永久

之利不但兩年監董役事之勞而已不
可與各軍門將校等造弓造銃者比以
同之宜有別樣酬勞之道而第此等賞
格例不過加資譯官之以他歧加資者
見塞於本院譯任在渠反有失望之歎
譯官輩在前亦或有東西班實職除授
者而稀濶之典有難輕施或除西北邉
將未曉煮硝之處更試其法使之傳習
如有功效則漸加調用似可敢此仰達

上曰譯官輩以他事加資及塞其前程非所
以酬勞也相當邊將除授事分付兵曹
可也又所
啓金指南所學煮硝之法若以文字作爲
方文傳示中外則可以廣其學習亦可
傳諸永久令指南作爲文字備述其法
令軍器寺刊布中外何如
上曰依爲之
丙辰五月十二日大臣備局

稟事堂上入　侍時右議政尹蓍東所
啓我國煮硝之法本甚疏略所費廣而得
硝少搗以爲藥藥力不猛天陰則濕過
潦則消必添新再搗而後用之
肅廟戊寅年間故相臣南九萬建白以譯官
金指南北京往來時所傳得煮硝新方
令武庫刊布中外比前法功役甚省而
得硝幾倍硝品燥猛雖置之地窖而十
年經霖絶無潤濕之患土取路上紫黲

新草而仍用其灰此其爲簡便可尚之一端也但其京外須行者遂寢閣而無繼煮者板本亦毀失不傳良可惜也若於華城軍器備置之時以此方煮取而廣儲之則似好仍又申飭須布則內而京軍門外而營閫列邑必有隨力煮取之處其爲效益豈但止於一時省費而已乎臣從前輩已經煮用者而熟知其必可行槪恨於此法之寢而不用今因

月課事言端敢此仰達

上曰

肅廟朝印頒煮硝方實爲永久遵行之金石

成憲予亦奉置此冊于丌上卿言適又

若此政合予意大抵我國人昧於煮硝

之法貿來於中國如弓角一自完豐府

院君諸人編書纂方闡西人成根覓納

煮法之後雖始略知其制而品猶不精

至副使閔就道使譯官金指南購求於

燕肆歷累歲累累送而又至故相南九萬
提舉武庫而功效大著一以用一年草
而山木不濯一以取土於大路而人家
不侵一以爇柴用其灰而又省土之三
分一以是昔年大加稱奬別有賞典於
指南卿之此奏卽修明之一端依卿所
奏出舉條分付俾有實效亦令武庫印
須可也

新傳煮硝方終